로쟈와 함께 읽는 지젝

9.11 이후 달라진 세계에서 우리는 어떻게 살 것인가

하이브리드 총서

로쟈와 함께 읽는 지젝

9.11 이후 달라진 세계에서 우리는 어떻게 살 것인가

© 이현우, 2011

초판 1쇄 발행일. 2011년 11월 21일
초판 7쇄 발행일. 2019년 10월 22일

지은이. 이현우
펴낸이. 정은영

펴낸곳. 자음과모음
출판등록. 2001년 11월 28일 제2001 – 000259호
주소. 04047 서울시 마포구 양화로6길 49
전화. 편집부 02. 324. 2347 / 경영지원부 02. 325. 6047
팩스. 편집부 02. 324. 2348 / 경영지원부 02. 2648. 1311
이메일. inmun@jamobook.com

ISBN 978-89-5707-608-8 (04100)

하이브리드 총서

로쟈와 함께 읽는 지젝

9.11 이후 달라진 세계에서 우리는 어떻게 살 것인가

이현우

자음과모음

『**로쟈와 함께 읽는 지젝**』
9.11 이후 달라진 세계에서
우리는 어떻게 살 것인가

왜 지젝을 읽어야 하는가

이 책은 인터넷서점 알라딘의 자음과모음 웹진에 2010년 8월부터 2011년 2월까지 연재했던 '로쟈와 함께 읽는 지젝'을 단행본으로 만든 것이다. 애초에 연재와 관련하여 자음과모음에서 제안받았을 때 가안은 '인문 고전 읽기'였다. 막연하지만 포괄적이어서 실상은 백지수표나 마찬가지였다. 물론 내가 적어야 하는 것은 '액수'가 아니라 '주제'였지만. 고심 끝에 정한 주제가 '지젝 읽기'였고, 더 구체적으론 『실재의 사막에 오신 것을 환영합니다Welcome to the Desert of the Real』, 『이라크Iraq: The Borrowed Kettle』, 『처음에는 비극으로 다음에는 희극으로First As Tragedy, Then As Farce』세 권에 대한 '읽기'였다. 그렇게 해서 탄생한 것이 '로쟈와 함께 읽는 지젝' 연재였다. 하지만 여러 가지 제약에 따라 실제로 연재는 『실재의 사막에 오신 것을 환영합니다』를 일독하는 것으로 마무리되었다. 비록 '첫걸음'에 해당하지만, 그래도 '시작이 반'이라는 금언은 여기에도 적용될 수 있으리라고 본다.

사실 『실재의 사막에 오신 것을 환영합니다』읽기는 2001년 9.11 테러 이후 달라진 세계에 대한 지젝식 분석과 성찰의 개요를 제시해주고 있어서, 이어지는 저작들에 대한 독서로 이끄는 자극이자 유용한 길잡이가 될 수 있다. 일종의 예시이자 예제풀이로서 의미를 갖는다면 말이다. 결과적으론 그런 역할을 할 수 있기를 기대한다.

슬로베니아 출신으로 '동구권의 기적'이라고 소개됐고 최근에는 '세계에서 가장 위험한 철학자'로도 호명되는 슬라보예 지젝Slavoj Žižek은 개인적으로 가장 즐겨 읽으며 좋아하는 철학자이다. 블로그 '로쟈의 저공비행'의 아바타로 써온 지 오래일 정도로 그에 대한 로쟈의 관심은 이미 널리 알려진 것이기에 새삼 강조할 필요는 없을 것이다.

물론 지젝을 즐겨 읽고 다른 이들에게도 즐겨 읽도록 권유해온 것은,

그를 통해서 내가 뭔가 알게 되고 깨닫게 되었기 때문이다. 그리고 자연스레 그걸 같이 나누고 싶다는 생각 혹은 열망을 갖게 되었기 때문이다. 혼자만 아는 걸로 충분하지 않느냐고? 그런 태도도 가능하지만 나는 그것이 반反지적적 태도라고 생각한다. 혹은 지젝에 대한 여피적 독법이라고 생각한다. 새로운 이론이나 유행 사상을 마치 고급 장신구처럼 소비하는 것인데, "지젝 지젝 그러는데, 내가 읽어보니까 별거 아니더라. 걔, 뭐 새로운 게 없잖아? 그냥 엔터테이너지" 이런 식으로 '눌러주는' 게 자신의 지적 교양에 대한 과시라고 믿는 부류다. '엘리트' 지식인들은 좀 다른가? "지젝 참 대단해! 어디서 그런 구라발이 나오는지 말이야. 갖다 붙이기도 잘 갖다 붙이고, 얼마나 많이 써제끼는지! 걔는 생각은 좀 하면서 쓰는 거야? 돈도 꽤나 벌겠어. 그런 게 좌파 상업주의지 뭐." 그리고 한편에는 선량한 독자들이 있다. "지젝은 너무 어려운 거 같아요. 하지만 이론만 현란하지, 그게 무슨 쓸모가 있을까요? 저희 교수님도 그런 건 다 지나가는 유행이니까 진지하게 읽을 필요는 없다고 하시고……" 그리고 좀 멀리 떨어져서 "지젝? 쥐젝? 죽인다! 뭔데, 죽여주는 거야?"까지…….

각기 다른 반응이긴 하지만 공통적으로 갖고 있는 태도는 '지젝과 거리 두기'다. 너무 가까이 다가가지 말 것, 내지는 너무 빠지지 말 것. 혹은 너무 진지하게 대하지 말 것. 왜? '현재 서양에서 가장 위험한 철학자'라서? 거기까지 간다면 이미 어느 정도 지젝에 대한 독해와 이해를 갖고 있다고도 말할 수 있다. 하지만 그런 앎이 없더라도 거의 본능적으로 우리는 이 '사물' 혹은 '괴물'이 우리가 갖고 있는 사고의 좌표, 현실의 좌표를 뒤흔든다는 걸 안다. 무의식적인 앎?! 그런 앎이 부족할 경우엔 또 '무지에의 의지'라는 것이 작동해서, '돈도 되지 않는데 복잡한 것'으로 자동분류하고 폐기 처분한다. '지젝 읽기'는 때문에 '저항'이다. 그것은 자기 자신의 타성과 기득권과 편의주의와 무사안일주의에 대한 저항이다. '좋은 게 좋은 거지'에 대한 저항이고, '우리 집안만 빼고 다 망해라!'라는 유구한 심보에 대한 저항이다.

자신이 가진 게 많다고 믿는 '대한민국 1%'는 지젝을 읽을 필요가 없

강의 중인 슬라보예 지젝.

다. 자신이 세상을 너무도 잘 안다고 생각하는 '도인'들도 읽을 필요가 없다. 이런 분들은 보통 '지젝이 밥 먹여줘?'라고 말한다. '이대로!'가 생활 신념이자 정치적 신념인 위인들도 지젝을 읽을 필요가 없다. 읽을 이유도 없다. 하지만 '이대로는 곤란하다!'는 절박함에 더하여 '제대로 생각을 해야 한다!'는 강박감에까지 시달리며 뭔가 제대로 알고 제대로 살아야겠다는 분들은 한 번쯤 지젝을 읽으셔도 좋겠다. '현재의 나'에 별다른 집착을 갖고 있지 않아서 언제든지 자신을 내던질 용의까지 갖추고 있다면 더없는 자격이다. 지젝은 그런 분들을 위한 일침이고, '빨간 약'이다. 행복을 얻을 거라고는 장담할 수 없지만, 우리의 생각과 존재로부터 조금 더 자유로워질 수 있다. 이마저도 너무 거창한가?

사실 '누구를 위한'이란 표현은 수사적이다. 치렛말이란 뜻이다. "당신은 사랑받기 위해 태어난 사람"이란 노래 가사가 있지만, 세상이 당신을 위해 존재하진 않는다는 점은 '당신'만 빼고 다 안다(그래서 그런 노래는 생일 때만 불러준다). '어린애'가 아니라면 무얼 해주길 기대하기보다는 내가 무얼 해야 할까를 생각해야 한다. 세상이 '이 모양'이라면 '저 모양'으로 만들기 위해서는 어떻게 해야 할까 고민해야 한다. 그렇다고 이게 딱딱한 고민인 것만은 아니다. 기쁨이 되고 삶의 보람이 되는 고민이다. 그런 고민을 나누고 확산시키는 것이 지적 계몽주의이고 지식의 공산주의 아닐까. 나는 그런 의미에서의 계몽주의와 공산주의를 실천하고자 한다. 『로쟈와 함께 읽는 지젝』은 그런 기획의 일부이다.

지젝 자신이 공언한 바 있지만 그는 '계몽주의자'이다. 계몽주의에 대한 백과사전의 정의는 "이성의 힘과 인류의 무한한 진보를 믿으며 현존 질서를 타파하고 사회를 개혁하려는 데 목적을 두었던 시대적인 사조"인데, '현존 질서를 타파하고 사회를 개혁하려는 데 목적을 둔 사조' 정도로 재정의하면 그의 사상에도 부합한다. 이때 현존 질서란 현재의 지배적 질서인 '자유민주주의+자본주의'다. 그리고 『처음에는 비극으로 다음에는 희극으로』에서 분명하게 제시하는 것이지만, 그가 대안으로 염두에 두고 있는 체제는 '공산주의'다. 하지만 우리가 돌아가야 할 공산주의가 아니라 새롭게

발명되어야 할 공산주의다.

　사실 '공산주의'란 말은 우리에게 아직도 '빨갱이'와 바로 동일시되기에 그다지 매력적인 말은 아니다. 그래서 '코뮤니즘' 혹은 '코뮌주의'라고 약간 비틀기도 한다. '새로운 공산주의'나 '또 다른 공산주의'라고 각색하기도 한다. 틀린 말은 아니다. 왜냐하면 '정해진 공산주의'는 없기 때문이다. 따라서 우리가 되돌아가야 할 공산주의도 없다. 실패의 흔적들만이 남아 있다. 『르몽드 디플로마티크』의 편집주간 이냐시오 라모네와의 대화에서 카스트로는 이렇게 말했다.

　언젠가 나는 우리가 초기에 범한 최대 실수 중의 하나이자 혁명 내내 수없이 저질렀던 실수는 사회주의가 어떻게 이루어지는지 누군가 알고 있다고 믿었다는 사실이라고 말했습니다. 오늘날 우리는 매우 분명하게 사회주의가 어떻게 이루어져야 하는지 잘 알고 있습니다. 그러나 우리는 더 분명하게 생각해야 하며, 어떻게 사회주의를 보존할 수 있고, 미래에 어떻게 보존할 것인지에 대해 많은 질문을 던져야 합니다.[1]

그가 안다고 생각하는 사회주의란 일차적으론 쿠바 혁명 이후 주택과 교육, 보건, 의료를 공공재로 만든 것이겠다. 그건 방향이다. 하지만 전부는 아니다. 아직도 많은 생각이 필요하며, 많은 질문을 던져야 한다. 그리고 그 과정에서 다시 실패할 수 있다. 카스트로 자신이 이 점을 잘 알고 있다.

　쿠바는 스스로 붕괴될 수 있습니다. 이 혁명은 스스로 파괴될 수 있습니다. 우리는 혁명을 파괴시킬 수 있습니다. 그렇다면 그건 우리의 잘못입니다. 우리가 우리의 실수를 고칠 능력이 없다면 그렇게 될 겁니다. 수많은 도둑질과 횡령, 그리고 새로운 부자들이 금전을 공급하는 원천 같은 수많은 악습에 종지부를 찍지 못하면, 그렇게 되고 말 겁니다. 그래서 우리는 행동하며, 우리 사회의 완전한 변화를 향해

나갑니다. 우리는 매우 어려운 시기를 살았고, 이로써 불평등과 사회 부정이 심각해졌습니다. 그래서 다시 바꿔야 합니다.²

『처음에는 비극으로 다음에는 희극으로』에서 지젝이 인용하는 레닌도 비슷한 말을 했다. 1922년 내전에서 승리한 볼셰비키가 '신경제정책NEP'을 통해서 자본주의적 시장경제를 일부 허용하는 '전략적 후퇴'를 감행해야 했을 때 레닌은 「고산 등반에 관하여」란 짧은 글을 썼다. 소비에트 국가의 성취와 실패를 열거한 후에 그가 맺은 결론은 이렇다. "환상을 품지 않고, 낙담하지 않으며, 극도로 힘든 과업에 다가서면서 몇 번이고 다시 '처음부터 시작할to begin from the beginning' 힘과 유연성을 유지하는 공산주의자는 운이 다하지 않는다." 지젝은 이러한 태도를 '레닌의 베케트적 면모'라고 불렀다. 지젝이 자주 인용한 베케트의 한 구절이 "다시 시도하라. 또 실패하라. 더 낮게 실패하라"이기 때문이다. 공산주의, 흔히 말하는 현실 사회주의는 실패했다. 하지만, '그래서 결론은 자본주의다'가 아니라 '다시 시도하라'이다. 왜 굳이 다시 시도해야 하는가? '자본주의'가 재난적 파국으로 몰고 갈 것이기 때문이다. 그러니까 우리의 선택지는 종말론적이다. 자본주의적 재앙이냐 공산주의적 구제냐.『실재의 사막에 오신 것을 환영합니다』에서 다루고 있는 2001년의 9.11 사건이 그러한 '재앙'의 상징이자 경고다.

　　이러한 이미지가 실제인가 조작인가는 중요하지 않다. 문제는 우리가 그런 이미지를 이 사건에 투사한다는 점이다. 그것은 우리가 보고 싶어 하는 것인가, 반대로 보고 싶어 하지 않는 것인가? 우리는 무엇을 보고 있는가? 그것은 미국만의 재앙이었을까? 하지만 나날이 미국을 닮아가는, 닮지 못해서 안달인 한국은 어떤가? "경제는 나날이 성장한다는데 대기업이나 고소득자만 주로 혜택을 보고 있다면 그 경제는 결코 건전하다고 볼 수

1　　이냐시오 라모네, 『피델 카스트로 마이 라이프』, 송병선 옮김, 현대문학, 676쪽.
2　　이냐시오 라모네, 『피델 카스트로 마이 라이프』, 677쪽.

9.11테러 당시 무너져내리는 세계무역센터의 모습.

없을 것이다. '절친 동맹'이라는 미국과 우리나라는 이 점에서도 난형난제
라고 한다."[3]

　　이제 걸음을 떼기 전에, 발 딛고 있는 현실이 그렇다. 그러니 미국이
한국이고 한국이 미국이다. 미국이 세계고 세계가 우리다. 이 세계는 『처음
에는 비극으로 다음에는 희극으로』의 표지 이미지를 빌리자면, 지금 추락
중이다. 지젝은 그것이 지난 "첫 10년의 교훈"이라고 말한다. 어째서 그런
교훈이 도출될 수밖에 없으며, 우리는 어떻게 해야 할지 궁금하지 않은가.
"사랑할 시간이 많지 않다"고 시인은 노래했다. 빗대어 말하자면, '우리가
스스로를 구제할 시간도 얼마 남지 않았다.'

3　　이승선, '한국-미국, 세계 최고의 소득 불평등 동맹', 프레시안, 2010년 8월 3일.

프롤로그 지젝과의 '피상적인 만남'을 위하여

미국과 한국의 닮은꼴에 대해서는, 보다 정확하게 한국의 '미국 추종주의'에 대해서는 따로 생각해볼 문제이지만, 강준만 교수의 『미국사 산책』의 머리말에서 실마리는 얻을 수 있다. "2002년 갤럽 조사에 따르면, 미국인의 48퍼센트가 창조론을 믿는 반면 진화론 신봉자는 그 절반 수준인 28퍼센트에 불과했다. 악마evil의 존재를 믿는 미국인은 68퍼센트나 됐다. 종교는 미국의 탄생 이래로 오늘에 이르기까지 미국을 이해하는 알파이자 오메가라고 해도 과언이 아니다."⁴ 우리에겐 아직 창조론/진화론 신봉자에 대한 데이터가 없는 듯하지만, 종교가 차지하는 비중이 미국 못지않다는 점에서는 음미해볼 만한 대목이다. 비슷한 점이 많은 김에 아예 '미국 되기'를 열망해야 할까. 태극기와 성조기를 열렬히 같이 흔들면서 말이다.

　사람의 시각은 제각각이어서 러시아 문학을 공부한 나는 러시아와 한국의 역사적 운명이 서로 많이 닮았다고 생각한다. 각각 몽골과 일본이라는 이민족의 장기적인 지배를 받았다는 이유에서다. 스케일은 물론 다르다. 한쪽은 13세기 중반부터 240년간 지배받았고, 다른 한쪽은 20세기 초반에 36년간 지배받았으니까. 지난 2003년 가을에 방한하여 다섯 차례 강연을 가진 바 있는 지젝은 또 생각이 달라서 "한국과 슬로베니아 두 나라가 깜짝 놀랄 만큼 서로 유사한 상황에 처해 있음"⁵을 깨달았다고 한다. 그의 강연문을 담은 책 『탈이데올로기 시대의 이데올로기』(이하 『탈이데올로기』)의 머리말에 나오는 내용이다.

　이유인즉, "한국은 슬로베니아보다 20배 이상 인구가 많다 해도, 우리 두 나라는 모두 강대한 세 이웃 국가에 둘러싸여 있다. 슬로베니아의 경우는 독일, 이탈리아, 그리고 남슬라브 국가들이 그런 이웃에 해당한다. 우리 두 나라는 모두 이 이웃 국가들이 끊임없이 가하는 압력에 시달려왔

고, 때로는 이 국가들에 의해 식민지화되기도 했다." 한국의 두 이웃 나라
는 물론 중국과 일본을 염두에 둔 것이겠다. 거기에 근대 이후에는 미국과
러시아가 보태져서 소위 '주변 4강'에 둘러싸여 있는 것이 우리의 지정학적
현실이다. 그런 상황에서 이웃 국가의 침략을 받았지만 뒤끝이 잔혹한 내
전이었다는 점에서도 슬로베니아와 한국은 서로 닮았다고 지젝은 말한다.
때문에 한국을 방문하는 동안 이방인이 아니라 오히려 어떤 '친척'을 만나
고 있는 듯한 느낌이었다는 게 지젝의 방한 소감이다. 너무 피상적인 관찰
과 인상에 근거한 것일까? 하지만 중요한 것이 이 '피상성'이라면 어쩔 텐가.

　　지젝은 이런 질문을 던진다. "이국 땅에 있으면서 또한 고국에 있다
는 야릇한 이 동시적인 체험 속에서 나는 어쩔 수 없이 어떤 오래된 물음
과 부딪쳐야 했다. 어떻게 해야 우리는 자신의 장벽을 넘어 타자에게 이르
고, 특히 다른 인종에게까지 손을 건넬 수 있는 것일까?" 지젝은 세 가지
만남의 사례를 든다.

　　첫 번째는 유럽 문학에서 진정한 전쟁 체험으로 치켜세워진다는 참
호전에서의 조우다. 적군 병사의 얼굴을 직접 대면한 상태에서 상대방을
찔러 죽이는 것을 말한다. 이런 종류의 '신비한 피의 성찬식'은 싸움이 더
이상 일어나지 못하도록 막기는커녕 오히려 그것을 '영적으로' 정당화하기
까지 한다. 대표적으로 들 수 있는 사례가 독일의 작가이자 사상가 에른스
트 윙거(1895~1998)의 회고록이다. 이 책은 아직 우리말로 번역돼 있지 않
아서, 내가 대신 떠올리게 되는 건 레마르크가 제1차세계대전의 경험을 바
탕으로 쓴 『서부전선 이상 없다』(1929)이다. 개인적으론 고등학교 때 삼중
당문고로 읽었던 작품인데, 여기에도 주인공 파울 보이머의 참호전 경험이
묘사돼 있다. 정확하게 말하면 참호가 아니라 포탄 구덩이에 빠져 있던 주

4　　강준만, 『미국사 산책 1』, 인물과사상사, 2010, 13~14쪽.
5　　슬라보예 지젝, 『탈이데올로기 시대의 이데올로기』, 김상환 외 옮김, 철학과현실사,
　　　　2005, 5쪽.

인공이 어둠 속에서 같은 구덩이에 굴러떨어진 적군을 죽이게 된 경험이다.

> 나는 생각이 마비되어 아무런 결심을 할 여유도 없이 미친 사람처럼
> 그자를 쿡 찔러본다. 몸이 움찔움찔하다가 축 늘어져서는 푹 꺾이는
> 느낌만 들 뿐이다. 정신을 차리고 보니 내 손이 끈적끈적하고 흥건히
> 젖어 있다.[6]

하지만 적군의 숨이 금방 끊어지진 않아서 보이머는 한동안 그와 대면하게 된다. 공포로 응집된 그의 시선을 보면서 보이머는 "아니야, 아니야"라고 속삭인다. 그는 상대방의 공포를 누그러뜨리고는 흙탕물이나마 입술에 적셔주고 상처에 붕대를 감아주려 애쓴다. 이런 행동은 보이머의 휴머니즘을 나타내는 것일 수도 있다. 하지만 보다 실상에 가까운 것은 포로로 잡힐 경우를 대비한 계산이었다. "나는 어쨌든 이 일을 해야 한다. 내가 포로로 잡힐 경우 그들이 내가 그를 도와주었다는 사실을 알고 나를 총살시키지 않도록 말이다." 부상당한 적군 병사는 한나절 이상을 신음하다가 결국 숨을 거둔다. 아마도 그가 결정적인 부상을 입지 않았더라면 포탄 구덩이 속에서 둘은 서로의 눈을 마주보면서 가차 없이 상대방을 죽여야 하는 운명에 처하지 않았을까. 그것이 '레알 전쟁'이니까. 하지만 이것이 우리가 기대하는 만남은 아니다.

두 번째로 지젝이 드는 사례는 살인의 체험을 숭고한 경험담으로 고양시키는 몽매주의 이데올로기보다는 조금 고상한 쪽이다. 1942년 12월 31일 스탈린그라드 전투 당시에 러시아의 배우와 음악가들이 위문공연차 도시를 찾았다. 스탈린그라드는 독일군에 포위된 상태였는데, 바이올린 연주자 골드슈타인이 연주를 시작하자 사격은 돌연 중단됐다. 연주가 끝나자 러시아 쪽 진영은 정적에 휩싸였고, 얼마 후 독일군 진영의 확성기에서 더듬거리는 러시아어가 흘러나왔다. "바흐를 더 연주해주시오. 쏘지 않겠소." 골드슈타인은 다시 바이올린을 집어 들고 바흐의 가보트를 연주하기 시작했다. 물론 연주가 진행되는 동안은 독일군과 러시아군 모두 상대방

을 쏘지 않았다. 하지만 연주가 끝나자마자 사격은 다시 시작됐다. 이 연주가 궁극적으로 양측의 사격을 막지 못한 이유는 무엇일까? 지젝은 그 연주가 너무 고상하고 심오했기 때문은 아닐까라는 의문을 던진다. 왜 그런가. '어떤 일이 이루어지는 데 필요한 것은 그보다 훨씬 더 표면적이고 피상적인 어떤 것'이라는 점 때문이다. 보편적 인간성을 발견하게 해주는 좀더 효과적인 체험은 시선의 교환이라는 보다 단순한 모양새를 취할 수도 있다. 사실 『서부전선 이상 없다』에서도 상대방의 시선을 정면으로 응시한 보이머가 "아니야, 아니야"라며 살해할 의도가 없다는 걸 내비치는데, 그 경우에도 그의 '보편적 인간성'이 '계산'보다 먼저 작동한 것은 아니었을까.

지젝이 세 번째로 드는 사례는 바로 그와 관련된 것이다. 2010년 월드컵이 개최됐던 남아프리카공화국에서 예전에 일어난 일인데, 반인종차별 시위 도중에 백인 경찰이 흑인 시위자들을 무력으로 진압하던 때였다. 한 경찰관이 곤봉을 손에 들고 흑인 부인을 뒤쫓아가고 있었는데, 예기치 않게도 부인의 신발 한 짝이 벗겨졌다. 그러자 경찰관은 자동적으로 '깍듯한 예의good manners'를 차려 신발을 주워 그녀에게 건넸다. 그 순간 두 사람은 시선을 교환하고 자신들이 처한 상황이 얼마나 헛된 것인지를 깨닫는다. 중요한 것은, 그렇게 예의를 차린 다음에는 다시금 그 부인을 쫓아가 곤봉으로 내리칠 수 없었다는 것이다. 경찰관은 그래서 가볍게 목례를 한 다음 다른 방향으로 걸어갔다.

이 일화에서 지젝이 끌어내는 교훈은 무엇인가. '그것은 그 경찰관이 갑자기 자신의 선한 본성을 발견했다는 데 있는 것이 절대 아니다.' 즉, '그래, 인간의 본성은 원래 선한 거야!' 따위의 깨달음은 이 일화와 무관한 또 다른 몽매주의다. 오히려 그와는 정반대로 그 경찰관은 전형적인 인종주의자였을 가능성이 더 높다. 하지만 그러한 자신의 생각이나 신념에 대해 승리를 거둔 것은 그가 받은 '피상적인' 예절 교육이라는 게 지젝의 판단이

---

6   에리히 레마르크, 『서부전선 이상 없다』, 홍성광 옮김, 열린책들, 2009.

다. 백인 경찰관과 흑인 부인은 단지 신발을 건네주고 받으며 눈빛만을 교환했을 뿐이지만, 이 '피상적인' 접촉에 의해서 두 사람이 살고 있는, 서로 전혀 소통되지 않는 두 사회적-상징적 세계의 장벽이 일시적으로 중지됐다. "그것은 마치 어떤 또 다른 세계, 유령적인 세계로부터 손 하나가 불쑥 삐져나와 그들의 일상적 현실로 들어온 듯한 사건이다."[7] 이것을 지젝은 달리 '마술적 마주침magic encounter'이라고도 부른다. 그의 기대는 물론 오늘날의 세계에서 그러한 마주침이 더 많이 일어나는 것이다. 이 마주침이 '리얼한 만남'이나 '고상한 만남'이 아닌 '피상적인 만남'을 매개로 하여 이루어졌다는 것이 요점이다.

나는 '교양'의 경우에도 사정은 비슷하지 않은가 싶다. 우리가 깊은 예술적 교양, 인문학적 교양을 갖추지 못해서 서로 마음의 장벽을 쌓고 사회적 분리벽을 만들며, 서로 무시하고, 곤봉으로 패고 칼로 찌르는 것은 아닌 듯하다. 우리에게 부족한 것은 '깊이'가 아니라 '넓이'다. 피상적이더라도 널리 공유될 수 있는 제스처(눈짓)와 의무적인 예절이 필요하다. 더불어 피상적인 교양이 필요하다. 가령 지하철에서 지젝의 책을 손에 들고 있는 사람을 만났을 때 내가 느끼는 '피상적인' 친밀감이 우리에겐 더 많이 필요하다. 설령 그 옆에 평소 지젝을 많이 읽었고 나름대로 비판적인 식견까지 갖춘 대학교수가 앉아 있다고 하더라도, 우리의 친밀감은 어제 처음 지젝의 책을 사들고 오늘 전철칸에서 들춰보고 있는 사람을 향한다. 우리가 아무 대화 없이 눈짓만을 교환한다손 치더라도 그 피상성은 우리를 하나로 묶어줄 수 있다.

그런 맥락에서 말하자면, 앞으로 동행하게 될 『로쟈와 함께 읽는 지젝』이 목표로 하는 것은 '깊이 읽기'가 아니라 '피상적인 읽기'다. 더 깊이 읽는 건 각자의 몫이자 자유이다. 하지만 내가 기대를 거는 '마술'은 피상적인 읽기와의 조우를 통해서 일어날 가능성이 높다. 그게 나의 믿음이다. 이 믿음이 어디까지 우리를 데려다줄 수 있을까. 당신도 궁금해하면 좋겠다. 이제 걸음을 '실재의 사막'으로 옮겨놓도록 하겠다.

　　　빨간 약이냐 파란 약이냐

실재의 사막으로

우리가 읽을 책은『실재의 사막에 오신 것을 환영합니다*Welcome to the Desert of the Real*』[8](이하『실재의 사막』)로 워쇼스키 형제의 영화 〈매트릭스Matrix〉 (1999)의 대사에서 따온 제목이다. 이 점은 옮긴이 서문에도 밝혀져 있다. 혹 영화를 모르거나 못 본 분들을 위해 인용한다.

> 이런 논리는 워쇼스키 형제의 히트작 〈매트릭스〉(1999)에서 클라이
> 맥스에 달한다. 〈매트릭스〉에서 우리 모두가 경험하고 주변에서 보
> 는 물질적 현실은 가상의 것이며, 우리 모두가 연결된 거대한 메가컴
> 퓨터가 이 가상현실을 생성하고 조정한다. 주인공(키아누 리브스)은
> '진짜 현실'에 눈을 뜨는데, 그의 눈에 들어온 건 불에 타 잔해만이 남
> 은 황량한 풍경, 다름 아닌 세계 전쟁 이후 폐허가 된 시카고의 모습
> 이다. 저항군 지도자 모피어스(모르페우스)는 아이러니한 인사를 건
> 넨다. "실재의 사막에 오신 것을 환영합니다." 9월 11일 뉴욕에서 일
> 어난 사건도 이와 비슷하지 않았을까?(『실재의 사막』, 28~29쪽)

여기서 '9월 11일'이란 날짜는 물론 '자본주의 제국' 미국의 심장부를 상징하는 세계무역센터 쌍둥이 빌딩이 공격을 받은 2001년 9월 11일을 가리킨다. TV를 통해서 반복적으로, 마치 영화의 한 장면처럼 거대한 빌딩이 무

7　　『탈이데올로기 시대의 이데올로기』, 8쪽.
8　　슬라보예 지젝,『실재의 사막에 오신 것을 환영합니다』, 이현우 · 김희진 옮김,
　　　자음과모음, 2011. Slavoj Žižek, *Welcome to the Desert of the Real*, London and New
　　　York: Verso, 2002.

너져 내리는 것을 우리는 보았다. 지젝의 인상도 다르지 않다. "뉴욕 시민들은 '실재의 사막'으로 인도되었다. 할리우드에 익숙해진 우리는 건물이 무너지는 장면과 그 풍경을 보면서 대규모 재난영화에서 본 숨 막히는 장면들을 떠올릴 수밖에 없었다."(『실재의 사막』, 29쪽) 그것은 실제 현실이면서 동시에 영화 속 한 장면이었다. 이 믿기지 않는 '현실' 앞에서 다들 이렇게 자문해보지 않았던가. 도대체 우리는 어떤 시대, 어떤 세계에 살고 있는 것일까라고. 『실재의 사막에 오신 것을 환영합니다』는 바로 그 스펙터클한 사건에 대한 분석이고 성찰이다.

지젝의 분석과 성찰을 따라가보기 전에 제목의 핵심인 'desert of the real'이란 말부터 따져본다. 이 영어 표현에서 'of'는 동격을 가리킨다. 그러니까 '실재라는 사막' 혹은 '실재계라는 사막'이란 뜻이다. 또 다른 궁금증. '더 리얼the real'이란 말의 번역은 '실재'도 되고 '실재계'도 되는가? 그렇다. 가급적 난해한 철학 용어나 정신분석 용어는 피하려고 하지만 불가피한 경우 어쩔 수 없이 확인하고 넘어가야겠는데, 'the real'이 그런 경우다. 일단은 '실재'나 '실재계'란 말이 나오면 'the real'의 번역어라고 생각하시는 게 좋겠다. (전공자들은 '실재'란 번역을 선호하지만, 실상 일반 독자가 읽는 번역서에서는 '실재계'란 말이 더 자주 나온다. 그런 사정을 고려하여 이 글에서는 맥락에 따라 이 두 번역어를 혼용할 예정이다.)

철학에서건 정신분석에서건 대부분의 개념어는 짝을 갖는다. '남자' 하면 '여자', '감성' 하면 '이성'을 떠올리게 되는 식이다. 먼저 '실재계'는 라캉 정신분석학에서 인간 존재의 현실을 구성하는 세 가지 차원, 곧 상징계the symbolic, 상상계the Imaginary, 실재계the real의 하나이다. 기본개념이라고 할 수 있으므로 숙지해두는 게 좋겠다. '실재계(R)-상징계(S)-상상계(I)'의 머리글자를 차례로 따서 'RSI 삼항조'라고도 부른다. 다르게는 '실재-상징적인 것-상상적인 것'이라고 번역하기도 한다. 또 상상계를 라캉의 '거울 단계'와 연관지어 '영상계'라고 옮기는 경우도 있으나 여기서는 통용되는 용례에 따른다. 일간지 같은 데서야 이런 전문용어들과 마주칠 기회가 거의 없지만, 영화잡지나 문예지의 경우엔 사정이 달라서 어느 정도 '독자' 흉내

를 내려면 'RSI' 정도는 알아두는 게 좋다. 가령 영화평론가들의 좌담에서
라면 기탄 없이 이런 대목이 나온다. 지젝에 대해 어떻게 생각하느냐는 질
문에 대한 정성일 평론가의 대답이다.

> 지젝이 영화에 대한 깨우침을 준 적은 단 한 순간도 없었습니다. 오
> 히려 영화가 지젝에게 지혜를 베풀어준 셈이지요. 지젝 자신도 점점
> 영화에서 멀어지고 있고요. 어쩌면 영화는 지젝에게 자기 철학을 알
> 리기 위한 전술의 도구였을 수도 있습니다. 그에게 영화는 자기의
> RSI 매트릭스를 설명하기 위한 도구상자였던 셈이지요. 그는 라캉의
> 개념을 설명하기 위해 영화를 동원했지, 그 역은 아니었습니다.[9]

이 인용문에 대해 조금 부언하자면, 영화는 지젝에게 '자기 철학을 알리기
위한 전술의 도구'라기보다는 '라캉의 개념을 이해하기 위한 도구'였고, 이
점은 영화평론가의 '발견'이 아니라 지젝의 직접적인 '고백'이다. 그는 "나
는 라캉의 개념들을 본질적으로 저급한 대중문화의 개념들로 제대로 번역
해낸 다음에야 비로소 그 개념들을 제대로 파악했다고 확신했다"라고 스
스로 털어놓았다. 그가 말한 '저급한 대중문화'의 표본은 물론 할리우드 영
화들이다. 게다가 지젝은 오페라광이긴 하지만 결코 '시네필'은 아니다. 그
점이 시네필 평론가로선 불만스러울 수 있겠지만, 지젝 자신이 '점점 영화
에서 멀어지고' 있을 만큼 애초에 가까웠던 것도 아니다. 참고로, 지젝은
2003년 방한했을 때 한 대담[10]에서 그 많은 영화를 다 보면서 언제 글을 쓰
느냐는 질문에 이렇게 답했다.

---

9   「정성일 · 허문영, 영화평론가를 만나다」, 『씨네21』 763호.
10   슬라보예 지젝 · 윤평중, 「사유와 실천의 유희는 어떻게 가능한가」, 『당대비평』 24호,
          생각의나무, 2003.

천만에요. 제가 분석하거나 해석하는 영화들의 3분의 1도 보지 않았을 겁니다. 예컨대 저는 로셀리니의 작품을 한 편도 보지 않았으며, 영화관에 가는 것도 그리 즐기지 않습니다. 아니, 오히려 극장에 갈 시간이 부족하다고 이야기하는 편이 정확하겠네요. 영화를 직접 보지 않더라도 중요한 영화 텍스트에 대한 대부분의 분석이 책의 형태로 이미 나와 있기 때문에 연구에 큰 지장을 주지는 않습니다.

이것이 말하자면 지젝의 '작업 비밀'이다. 그럼에도 영화가 지젝에게 의미를 갖는다면, 그것은 영화 텍스트가 '이데올로기와 일상적 삶이라는 텍스트의 비밀을 응축해서 보여주기 때문'이다. 그러니까 그에게 중요한 것은 '이데올로기와 일상적 삶'의 분석이지 '영화'가 아니다. 국내에는 '철학책'들보다 먼저 소개된 지젝의 '영화책'들, 예컨대『삐딱하게 보기』[11],『당신의 징후를 즐겨라』[12],『항상 라캉에 대해 알고 싶었지만 감히 히치콕에게 물어보지 못한 모든 것』[13] 등을 읽을 때는 이 점을 염두에 두어야 한다.

상징계-상상계-실재계
'RSI 매트릭스'는 '실재계-상징계-상상계'를 가리키는 말이다. 요즘은 허다한 영화 비평에서, 심지어는 영화 저널리즘에서도 라캉과 지젝의 용어들이 활용되기에 이 정도는 아는 체를 해주셔야겠다. 그렇게 셋이 짝지어 다닌다면, '실재계'만 분리해서 알 수 없으므로 통째로 챙겨두도록 한다. 라캉 입문서인『HOW TO READ 라캉』[14]에서 체스 게임을 예로 들고 있는 지젝을 따라가 보자.

체스를 하기 위해 따라야 하는 규칙은 체스의 상징적 차원이다. 순전히 형식적인 상징적 관점에서 '기사'는 이것을 둠으로써 일어날 수 있는 변동 안에서만 정의된다. 이 상징적 차원은 상상적 차원과 명확히 대비된다. 상상적 차원에서 각각의 말들은 특유의 형태를 가지며 서로 다른 이름(왕, 왕비, 기사)으로 개별화된다. 그래서 규칙은 같지만 서로 다른 상상계, 즉 '메신저' '러너' 따위의 이름으로 불릴 수도 있다. 마지막으로, 실재계는 게임의 과정에 영향을 미칠 수 있는 연속적인 환경의 전체집합이다. 경기자의 지능이나 경기자를 당황하게 하고 갑자기 게임을 중단시키는 예기치 못한 침범 같은 것이다.[15]

나부터도 체스에 익숙하지 않으니 '효과적인' 예는 아니지만, 어쨌든 상징계란 체스 혹은 장기의 규칙 같은 것이다. 어떤 말이 어떻게 이동할 수 있는가는 이 규칙에 의해서 정의된다. 상징계는 '현실'을 관장한다. 상상계는 '기사'가 '메신저'로 불릴 수도 있는 또 다른 가상적 게임의 세계다. 규칙을 떠나서, 혹은 규칙을 무시하고 말이 이렇게 가면 좋겠다고 소망하는 것 따위는 상상계에 속한다. 물론 이 상상적인 것이 공유되고 새로운 규칙으로 수용된다면 그것은 새로운 상징계로 등록될 수 있다. 장기를 두고 있는 상황에서 걸음마를 하는 아이가 다가와 판을 뒤엎는다든가 하는 '예기치 못한 침범'이 바로 실재다. 그것은 게임을 한순간에 무효화하면서 진지하게 게임에 임하던 경기자들을 허탈하게 만든다(하지만 동시에 해방시킨다!). 실재는 상징계에 구멍을 내는 송곳이며 그 구멍 자체다.

그런 맥락에서 보자면 9.11이라는 스펙터클은 자본주의적 상징계에 구멍을 낸 실재의 침입이기도 하다. 그것은 뒤엎어진 판을 다시 정돈하며 그래도 여전히 우리는 현재의 게임을 계속해야 하는지, 현재의 사회적 좌표계를 계속 유지해야 하는지 자문하게 하는 사건이다. 물론 그러한 질문

11   슬라보예 지젝, 『삐딱하게 보기』, 김소연 옮김, 시각과언어, 1995.
12   슬라보예 지젝, 『당신의 징후를 즐겨라』, 주은우 옮김, 한나래, 1997.
13   슬라보예 지젝, 『항상 라캉에 대해 알고 싶었지만 감히 히치콕에게 물어보지 못한 모든 것』, 김소연 옮김, 새물결, 2001.
14   슬라보예 지젝, 『HOW TO READ 라캉』, 박정수 옮김, 웅진지식하우스, 2007.
15   슬라보예 지젝, 『HOW TO READ 라캉』, 18~19쪽.

영화 〈매트릭스〉의 한 장면. 모피어스는 네오에게 빨간 약과 파란 약을 건네며,
'실재의 사막'으로 초대한다.

과 대면하는 일은 두렵다. 그것은 마치 폐허가 된 '실재의 사막'과 대면하는 일과 같다. 그래서 부정하거나 회피한다. 그럴 때 우리가 주로 동원하는 것이 '환상'이다. 공격받은 자유민주주의를 수호하기 위해서 대테러전쟁에 나설 수밖에 없다는 믿음이 그러한 환상의 대표적 사례다. '빨간 약(현실)' 대신에 '파란 약(환상)'을 선택하는 것이다.

〈매트릭스〉에서 모피어스는 네오에게 이렇게 말한다.

You take the blue pill and the story ends. You wake in your bed, and you believe whatever you want to believe.
파란 약을 먹으면 이야기는 여기서 끝난다. 침대에서 깨어나고
네가 믿고 싶은 걸 믿게 돼.

You take the red pill and you stay in wonderland, and I show you how deep the rabbit-hole goes.
하지만 빨간 약을 먹으면 이상한 나라에 남게 되지, 나는 너에게
토끼굴이 얼마나 깊은지를 보여줄 거고.

우리는 지젝과 함께 그 '토끼굴' 속으로 들어가볼 작정이다.

아 유 레디Are You Ready?

대타자와 쾌락

> 토끼굴은 일정한 직선 방향으로 터널처럼 뻗어 있다가, 갑자기
> 곤두박질하기도 했다. 어찌나 갑작스럽던지, 앨리스는 너무 깊어 보이는
> 곳으로 떨어지기 전에 멈춰야지 하는 생각을 할 틈조차 없었다.
> / 루이스 캐럴 『이상한 나라의 앨리스』 중에서

자, 이제 네오와 함께 모피어스를 따라 굴러떨어진 '토끼굴'이다. 이런 경우
엔 보통 인원 점검을 다시 하지만, 그럴 형편은 아니어서 대신에 'RSI'에 대
한 복습만 간단히 하도록 한다. 실재계-상징계-상상계 얘기다. 교재는 다
시 『HOW TO READ 라캉』이다. 상징계에 대한 지젝의 설명을 따라가본
다. 멕시코에선 티브이 드라마를 가공할 만한 속도로 찍는다고 한다. 매일
25분짜리 에피소드를 찍어대는데, 배우들에겐 미리 대본을 받아보고 연습
할 시간조차 주어지지 않는다. 당일 아침에 그날 찍을 대본을 나눠준다는
홍상수 감독보다 더 심한 경우라 할 수 있을 텐데, 그래도 찍을 건 찍는다.
어떻게? 멕시코 방식은 이어폰을 활용한다. 이어폰을 통해 들려오는 연출
자의 지시에 따라 배우가 즉석에서 연기하는 것이다. "자, 이제 뺨을 한 대
갈기고 그를 증오한다고 말을 해. 그리고 껴안아!" 지젝이 보기엔 바로 이
런 것이 라캉이 말하는 '대타자the big Other'이다.

　　이 대타자는 상징적 차원에서 작동한다. 말하는 존재로서 우리가 타
인과 대화할 때, 우리의 발화 행위는 여러 복잡한 규칙과 전제에 의존한다.
서로를 이해하기 위해선 문법 규칙을 공유해야 하고 동일한 생활 세계를
배경으로 갖고 있어야 한다. 우리가 박쥐와 소통하기 어려운 것은 박쥐와
우리 사이에 그런 것이 없기 때문이다. 상징적 차원 혹은 상징적 공간은 그
런 의미에서 우리 스스로를 재볼 수 있는 일종의 척도다. 대타자가 단일한
대행자agent로 인격화되거나 사물화될 수 있는 것은 이런 이유에서다. 세상
의 모든 일을 관장하면서 언제나 나를 뒤에서 지켜보고 있는, 혹은 위에서
내려다보고 있는 신이 인격화의 예라면, 내게 명령을 내리고 나의 삶을 바

치도록 만드는 자유니 공산주의니 민족이니 하는 대의cause는 사물화의 예이다. 요컨대 우리의 현실을 관장하고 조정하며 인도하는 '신', '자유', '공산주의', '민족' 등등이 모두 대타자에 속한다. 우리가 '소타자small other'라면, 이 소타자(개인)들의 의사소통에는 항상 대타자가 끼어든다. 말이 좀 어려운가? 이럴 땐 지젝식 EDPS를 활용하자.

　　한 가난한 농부가 난파를 당해 무인도에 표류하게 됐는데, 알고 보니 신디 크로퍼드와 단둘이었다.[16] 요즘 젊은 세대는 잘 모르겠지만 한때 세계 3대 모델로 불리기도 했던 미녀다. 그렇다고 굳이 신디 크로퍼드를 고집할 이유는 없으며 각자 알아서 다른 미녀로 대체해도 좋다. 하여간에 둘이 섹스를 한 후에 신디가 농부에게 어땠냐고 물었다. 대답은 물론 "그레이트!" 하지만 자신의 만족을 완성하기 위해서 한 가지 사소한 부탁을 들어달라고 농부는 말한다. 바지를 입고 얼굴엔 콧수염을 그려서 자기 친구처럼 분장해달라는 것이다. 자신이 변태가 아니라고 겨우겨우 안심시킨 농부는, 신디가 그의 원대로 분장을 하자 그녀에게 다가가 옆구리를 쿡 찌르고 씩 웃으면서 이렇게 말했다. "무슨 일이 있었는지 알아? 내가 말이야, 방금 전에 신디 크로퍼드와 섹스했다!"

　　여기서 "언제나 증인으로 현존하는 이 제삼자는 방해받지 않은, 순수하게 사적인 쾌락의 가능성을 배반한다." 즉 '방해받지 않은, 순수하게 사적인 쾌락'이란 건 없다. 그런 건 거짓말이다. 아무리 최소한이라도 섹스는 언제나 '전시적'이며 다른 사람의 응시에 의존한다. 남이 봐줘야 하며 알아줘야 한다(그래서 비디오로 찍어두기도 한다). 제삼자가 개입하지 않는 섹스가 '상상적 섹스'라면 농부가 자신의 만족감을 더 극대화하기 위해 원했던 건 그 '상상적 섹스'를 '상징적 섹스'로 전화하는 것이었다. 그리고 그러기 위해선 자기 친구라는 제삼자가 필요했다. 이 '제삼자'를 가리키는 말이 바로 '대타자'이다. 그렇다면 바야흐로 대타자는 무소부재하며 전지전능한

16　　슬라보예 지젝, 『HOW TO READ 라캉』, 21쪽.

가? 그렇지는 않다. 대타자는 무인도에 난파당한 농부가 신디의 분장을 통해 불러낸 친구처럼 '주관적 전제subjective presupposition' 혹은 '주관적 가정'의 산물이다. 때문에 비실체적이며 말 그대로 가상적virtual이다. 그렇다면 지젝의 이런 주장이 이해가 될 것이다.

> 대타자는 마치 그것이 존재하는 것처럼 행위하는 한에서만 존재한다. 대타자의 위상은 공산주의나 민족 같은 이데올로기적 대의의 위상과 같다. 그것은 자신이 대타자 속에 있다는 것을 인정하는 개인들의 실체적 토대이며, 개인들의 존재적 기반이며, 삶의 의미 전체를 제공하는 참조점이다. 그것을 위해서는 자신의 생명을 바칠 준비가 되어 있지만, 존재하는 것은 개인들과 그들의 행위뿐이다. 그래서 이 실체는 개인들이 그것을 믿고 따르는 한에서만 현실적으로 작동한다.[17]

간단히 말해서, 대타자라는 비실체적 '실체'는 그것을 믿고 따르는 개인들이 존재할 때만 힘을 갖는다. 대타자가 규칙 같은 것이라면, 그것이 존속하기 위해서는 규칙을 지키는 이들이 존재해야만 한다. 가령 체스 경기의 규칙이 의미를 가지려면 체스 경기자가 있어야 하며, 축구의 규칙이 의미를 가지려면 손을 사용하지 않고 공을 다루려는 축구 선수들이 있어야만 한다. 물론 그렇다고 해서 체스 경기자와 축구 선수들만으로 게임이 이루어지는 것은 아니다. 게임이 게임으로서 성립하려면 거기엔 규칙(대타자)이 적용돼야 하고 작동해야 한다. 이 규칙이 얼마나 대단한지를 우리는 지난번 남아공 월드컵에서도 확인할 수 있었다.

　알다시피 독일과 잉글랜드의 16강전에서 벌어진 일인데, 잉글랜드가 1대 2로 뒤지고 있는 상황에서 미드필더 램퍼드의 슛이 크로스바를 맞고 독일 골문 안쪽으로 떨어졌다가 튀어 올랐다. 독일 골키퍼 노이어가 재빨리 공을 잡아챈 뒤 그라운드로 날렸고 주심은 노골을 선언했다. 화면상 명백한 '오심'이었지만 주심은 판정을 번복하지 않았고, 이런 경우 축구 규칙은 주심의 판단을 따른다(흔히 동원되는 말로 오심도 경기의 일부다!). 그래서 결국 잉글랜드의 골은 골로 인정되지 않았다. 즉, 실재적으론 '골'이지만 현실에서는 '골'이 아니었다. 오심에 대한 비난 여론이 거세지자 FIFA는 향후 골 판정 방식을 개선하겠다고 했지만, 우리는 이 사례에서 골 판정은 주심의 판단에 따른다는 축구 규칙의 힘을 새삼 확인할 수 있었다. 지키는 사람이 없다면 아무것도 아니지만, 규칙(상징계)은 그렇게 현실 세계를 관장하며 지배한다.

　　앞에서 "실재적으론 '골'이지만 현실에서는 '골'이 아니었다"라는 표현을 일부러 썼는데, '실재'와 '현실'이란 말을 대비하기 위해서였다. 여기서 '실재'는 '더 리얼the real'의 번역이고, 상징계의 효과로서 그와 등치될 만한 개념인 '현실'은 '리얼리티reality'의 번역이다. 이 두 기본 개념을 구별할 수 있어야 지젝을 읽는 데 무리가 없다. 가령 『처음에는 비극으로 다음에는 희극으로』[18]를 읽으려고 해도 초반부터 이런 대목과 마주치게 된다.

　　　결과적으로 금융투기로부터 실제 인간들의 필요를 충족시킬 재화를 생산하는 '실물경제'로 회귀할 필요를 역설하는 자들은 자본주의의 진정한 핵심을 놓치고 있다. 자기추진적이며 자기확대적인 금융순환은 자본주의에 있어 생산의 현실reality과 대조되는 유일한 실재the real의 차원인 것이다.[19]

인용문에서 '현실reality'과 '실재the real'의 병기 표기는 원문 그대로이다. 그만큼 두 개념의 차이에 주의해달라는 주문이겠다. 여기서 지젝은 '자본주의의 진정한 핵심'으로서 금융순환이라는 실재를 생산의 현실, 혹은 '생산이라는 현실reality of production'과 대비한다. 인간의 욕구를 충족시키고자 재화

17　슬라보예 지젝, 『HOW TO READ 라캉』, 20쪽.
18　슬라보예 지젝, 『처음에는 비극으로 다음에는 희극으로』, 김성호 옮김, 창비, 2010.
19　슬라보예 지젝, 『처음에는 비극으로 다음에는 희극으로』, 33쪽.

를 생산하는 것이 '실물경제'이고 그것이 자본주의의 핵심인 것처럼 보이지만 실상은 그렇지 않다는 것이다. '돈의 순환'이야말로 자본주의를 규정하는 핵심이기 때문이다(달리 '자본주의'가 아니잖은가!). 이런 차이를 표시할 때 '현실-실재'는 '현상-본질'과도 유사한 개념쌍으로 이해된다. 하지만 '실재(계)'는 본질과는 조금 다른 차원의 의미도 갖는다. 조금 오래전에 쓰인 서평이긴 하지만, 라캉-지젝의 '실재' 개념을 능숙하게 정리한 문학평론가 테리 이글턴의 글을 잠시 따라가 보자.

> 쇼펜하우어는 우리가 영원히 괴물을 품고 사는 존재이며, 우리 존재의 핵심에는 잔인할 정도로 낯선 무언가가 있다고 보았다. 우리를 구성하는 재료이지만 우리에게 전혀 무관심한 그것, 쇼펜하우어가 의지라고 일컬은 이것은 우리에게 목적이라는 환상을 부여하지만, 그 자체로는 목적도 감각도 가지고 있지 않다. 쇼펜하우어에 깊은 관심을 가진 프로이트는 욕망이라는 개념을 이 괴물성의 비형이상학적 양상으로 제시한다. 욕망은 의미에 무심하고 매우 비인간적인 과정이며, 그것이 오로지 자신에게만 관심이 있다는 사실을 감추고 우리를 조종한다.[20]

흥미로우면서도 섬뜩한 점은 우리를 인간 주체로 만드는 것이 바로 우리 안에 자리 잡고 있는 이 '이질적인 부분' 혹은 '괴물성'이라는 데 있다. 적어도 프로이트는 그렇게 보았다. 그리고 라캉은 한 공포영화에서 착상을 얻어 이것을 '괴물thing'이라고 불렀다.

참고로, 『반대자의 초상 Figures of Dissent: Critical Essays on Fish, Spivak, Žižek and Others』 역주에서 라캉이 착상을 얻은 영화가 존 카펜터의 〈괴물 The Thing〉(1982)이라고 해놓았는데, 착오다. 라캉이 본 건 카펜터의 〈괴물〉이 아니라 하워드 혹스의 〈괴물The Thing from Another World〉(1951)이다(라캉은 1981년에 세상을 떠났다). 사실 나도 하워드 혹스의 영화는 보지 못했고, 카펜터의 영화만 흥미롭게 본 기억이 있다. 한 대중연예지가 '역대 최고의

SF영화 톱 25'를 뽑았을 때 10위에 선정된 수작이다. 그럼 1위에 오른 작품은? 바로 워쇼스키 형제의 〈매트릭스〉!

빨간 구두의 춤

우리 안의 '괴물'에 대한 이야기를 이어가자면, 쇼펜하우어가 '의지'라고 부른 것을 프로이트는 '욕망'이라고 불렀다. 반복하자면, "욕망은 의미에 무심하고 매우 비인간적인 과정이며, 그것이 오로지 자신에게만 관심이 있다는 사실을 감추고 달콤하게 우리를 조종한다. 욕망은 사적인 것이 아니다. 욕망은 바깥에서 우리를 기다리던 고통이며, 우리가 비자발적으로 쏠려가는 도착이자 강제적 매개다. 우리는 출생과 더불어 욕망 속으로 내던져진다."[21] 여기서 "욕망은 사적인 것이 아니다Desire is nothing personal"란 말은 음미할 필요가 있다. 우리가 흔히 쓰는 '나의 욕망'이란 말이 애초에 성립할 수 없다는 뜻이기 때문이다. 그것은 비인간적이면서 동시에 비인칭적인 것이다. 그렇기에 우리는 '욕망을 어디에 두었더라?'거나 '너, 내 욕망 가져갔니?'라고 말할 수 없다. 욕망이 관심을 두는 것은 오직 자신뿐이다. 그 정도면 '괴물'이라 부름직하지 않을까.

이 '괴물'과 관련하여 참고할 수 있는 것이 『HOW TO READ 라캉』의 4장 「실재의 수수께끼」다. 라캉의 '라멜라lamella'에 대한 설명으로 시작하는 장인데, 단순하게 말하면 라멜라는 프로이트가 말하는 '부분대상partial object'이다. '신체 없이도 존속하는 신비로운 자동성을 지닌 기이한 기관'이 부분대상이다. 젖먹이 아이들에게 물려주는 '공갈 젖꼭지' 같은 걸 떠올리면 되겠다. 엄마의 '신체' 없이도 엄마의 젖가슴을 대신하며 존속하는 젖꼭지 말이다. 지젝은 『이상한 나라의 앨리스』에 등장하는 체셔 고양이의

---

20   테리 이글턴, 『반대자의 초상』, 김지선 옮김, 이매진, 305쪽.
21   테리 이글턴, 『반대자의 초상』, 305쪽.

미소를 예로 든다. 고양이가 사라졌는데도 남아 있던 미소가 생각나시는가? 우리의 앨리스는 이렇게 말했다. "저런, 나는 미소 없는 고양이를 본 적은 있어. 하지만 고양이 없는 미소라니! 이건 지금까지 본 것 중 가장 흥미로운데!"

라캉의 라멜라는 존재하지는exist 않지만 고집스럽게 존속하는insist 어떤 것이다. 이런 '고집', '리비도의 맹목적이고 파괴 불가능한 고집'에 대한 프로이트의 명명이 '죽음충동'이다. "생명의 기괴한 과잉, 삶과 죽음, 생식과 부패의 (생물학적) 순환 너머에서 지속되는 '죽지 않는' 존속에 붙여진 이름"이다(분자생물학의 '불멸의 이중나선'을 떠올릴 수도 있겠다). 프로이트는 죽음충동을 일종의 반복강박으로 보았는데, 이것은 "고통스러운 과거의 경험을 반복함으로써 유기체에 주어진 자연적 한계를 벗어나, 심지어 유기체의 죽음까지 초월하여 존속하는 기괴한 고집" 같은 것이다. 그런 죽음충동과 부분대상의 관계를 잘 설명해주는 사례가 안데르센의 동화『빨간 구두』다. 알다시피 이 동화에서 주인공 소녀가 신는 마술 구두는 소녀의 의사와 무관하게 강제로 춤을 추도록 만든다. "그 구두는 모든 인간적 제한을 무시하고 고집스레 존속하는 소녀의 무조건적 충동을 상징한다. 그래서 그 불쌍한 소녀가 구두에서 벗어나는 유일한 방법은 그녀의 다리를 잘라내는 것뿐이다." 쇼펜하우어와 프로이트가 말년에 모두 염세적이고 비관적인 인생론에 도달하게 되는 것은 우연이 아니겠다.

참고 삼아 말하면, 안데르센의『빨간 구두』의 성인용 버전은 잘만 킹의 성애영화 〈레드 슈 다이어리Red Shoe Diaries〉 시리즈다. 〈X-파일X-File〉에서 멀더 요원으로 등장하는 배우 데이비드 듀코브니가 자신의 우편함으로 도착하는 여성들의 편지들을 읽으면서 그들의 사랑, 열정, 음모, 배신에 대한 에피소드를 따라가는 이 시리즈에서 '빨간 구두'는 말 그대로 우리의 의지와 무관하게 우리를 지배하는 욕망의 은유다. 다시 이글턴을 인용하면, "프로이트는 우리를 인간 주체로 만드는 것은 우리 안에 자리 잡고 있는 바로 이 이질적인 부분이라고 여겼다. 그것은 마치 치명적 세균같이 우리 살갗을 파고들었지만, 토마스 아퀴나스의 '신' 개념이 그렇듯이 우리 자신보다 더 우리에게 가깝다."

　혹은 마치 거울에서 자신의 모습을 뚫어지게 보고 있으면 어느 순간
섬뜩해지는 것처럼, 우리에게 아주 낯익지만 갑자기 아주 낯선 것으로 돌
변할 때가 있다. '안'과 '밖'이 뒤바뀌는 것이다. 이것을 라캉은 하워드 혹스
의 영화에서 힌트를 얻어 장난스럽게 '괴물'이라 불렀다는 것이고, 그것이
다름 아닌 실재를 가리킨다는 게 이글턴의 설명이다. 라캉이 만년에 리들
리 스콧의 영화 〈에일리언Alien〉(1979)을 볼 수 있었다면 더욱 만족했을지
도 모른다. 지젝에 따르면 "이 영화의 기괴한 외계 생명체는 라캉의 라멜라
와 닮았는데, 이 영화가 만들어지기도 전에 라캉이 이 영화를 본 게 아닐까
하는 느낌이 들 정도다." (〈에일리언〉 시리즈에 대해선 지젝도 인용하고 있
는 스티븐 멀할의 『영화에 대하여』²²의 분석이 예리하며 자세하다.)

　라캉의 라멜라와 '에일리언'에 대해선 기회가 닿을 때 다루기로 하고,
여기서는 그보다 더 쉬운 경로로 실재(계)에 대한 설명을 보충한다. 지젝이
드는 건 채플린의 영화 〈시티 라이트City Lights〉이다. 주인공 떠돌이가 실수
로 호각을 삼키고, 딸꾹질을 할 때마다 뱃속에서 호각 소리가 나는 코믹한
장면이다. 떠돌이는 당황해서 어쩔 줄 몰라 하며 자신의 신체 '안'에서 나
는 소리를 감추려고 애쓴다. 지젝은 이것이 '부끄러움'의 가장 순수한 모습
이 아닌가라고 말한다.

　내가 부끄러움을 느끼는 것은 내 몸속의 과잉excess에 직면할 때다.
　이 장면에서 부끄러움의 원천이 소리라는 점이 중요하다. 내 몸속에
　서 울려 나오는 유령 같은 소리, 신체 없는 자율기관으로서의 소리,
　내 몸 깊숙이 자리 잡고 있지만 통제할 수 없는 기생충이나 낯선 침
　입자 같은 소리 말이다.²³

22　스티븐 멀할, 『영화에 대하여』, 이영주 옮김, 동문선, 2003.
23　슬라보예 지젝, 『HOW TO READ 라캉』, 111~112쪽.

공갈 젖꼭지부터 체셔 고양이의 미소, 빨간 구두, 뱃속에서 나는 호각 소리까지 공통적인 것은 이들이 일종의 '신체 없는 자율기관'이라는 점이다. 그것을 '탈실체화desubstantialized'돼 있다고 말한다. 실체와 무관하다는 뜻이다. 즉 "실재란 상징적 네트워크로의 포획에 저항하는 외재적 사물이 아니라 상징적 네트워크 자체 내부의 틈이다." 사실 "상징적 네트워크에 포획되지 않는 외재적 사물"은 실재에 대한 가장 흔한 정의다. 하지만 지젝은 방향을 전환하여 실재를 "상징적 네트워크 자체 내부의 틈"으로 봐야 한다고 말한다. 실재란 '실체적 사물the substantial thing'이 아니라 상징적 네트워크, 곧 상징계의 간극이 불러낸 효과라는 것이다. 라캉-지젝에 따르면, 이러한 관점의 전환은 아인슈타인의 특수상대성이론에서 일반상대성이론으로의 전환에 상응한다. 아인슈타인이 휘어진 공간이란 개념을 도입할 때 그는 그러한 공간의 휘어짐이 물질의 효과라고 보았다. 즉, 물질이 원인이고 공간의 휘어짐이 그 결과다. 그러한 관점에서 기술되는 것이 특수상대성이론이다. 반면에 일반상대성이론에서는 이 원인과 결과가 전도된다. "물질의 현존은 공간을 휘게 하는 원인이 아니라 그 휘어짐의 효과다."

프로이트 또한 처음에는 외상을 "외부로부터 우리의 심리적 삶에 침입하여 균형을 깨뜨리고, 우리의 경험을 조직하는 상징적 좌표를 교란시키는 어떤 것"으로 파악했다. '외재적 사물'로 간주한 것이다. 하지만 나중에는 정반대의 접근법을 취한다. 아인슈타인의 전환과 마찬가지로 외상적 사건, 기원적 사건이 뜻하는 바는 '상징적 곤경'(혹은 '상징화의 곤경', '상징계의 곤경')이며, 외상적 사건은 바로 이 의미 세계 내의 간극을 채우기 위해 다시 불려 나온다. 그리고 이것은 사회적 적대social antagonism라는 실재에 대해서도 똑같이 적용된다. 사회적 적대란 계급 적대, 계급투쟁을 말한다. 그것이 사회의 '실재'다. 하지만 반유대주의는 이렇듯 사회에 내재한 적대를 특정한 집단에 덮어씌운다. '구체화'하고 '사물화'한다. 곧 반유대주의에서는 "유대인성을 외부에서 사회적 몸체에 침입하여 균형을 파괴하는 것으로 취급한다." 유대인을 사회적 적대를 야기하는 낯선 침입자로 간주하는 것이다. 그러니까 여기서도 인과관계가 전도되었다. 유대인이라는 '외재적 사물' 때문에 사회적 적대가 야기되는 것이 아니라, 사회의 내재적·구조적 적대라는 곤경이 반유대주의를 불러들이는 것이다.

　　이런 것이 『실재의 사막』을 읽기 위해 필요한, '실재계'에 대한 대강의 사전 이해다. RSI(실재계-상징계-상상계)라고 부르지만, 라캉의 이론적 관심의 변천사를 반영하자면 '상상계-상징계-실재계'가 된다. 지젝은 라캉의 세 범주 가운데 '실재계'를 핵심적인 탐구 주제로 삼았다. 지젝이 말하는 라캉은, 이글턴의 정리를 빌면 "우리가 우리 자신이 되도록 하는 실재계란 그저 외상적이거나 불가해한 것이 아니라, 잔인하고 외설적이며 공허하고 무의미하고, 어마어마한 쾌락의 원천이기도 하다고 일깨워주는 인물"이다. (이 실재를 다루는 라캉은 구조주의자 라캉과는 또 다른 라캉이어서 아예 '라캉 contra 라캉'이란 표현을 쓰기도 한다. '라캉과 대립하는 라캉'이다.)

선택지 없는 자유

『실재의 사막』의 서문에서 지젝이 자주 드는 예를 만날 수 있다(다큐멘터리 영화 〈지젝!〉에서도 인용된다). 구동독의 농담인데, 이런 것이다. 한 노동자가 시베리아에서 일자리를 얻게 되었다. 그는 친구한테 미리 이렇게 일러둔다. "(모든 우편물이 검열될 테니까) 우리 암호를 정하자. 내가 쓴 편지가 보통 파란 잉크로 쓰여 있으면 그 내용은 진실이고, 빨간 잉크로 쓰여 있으면 거짓이야." 친구는 한 달 후에 파란 잉크로 쓰인 편지를 받게 된다. 시베리아의 친구는 모든 것이 풍부하고 쾌적하며 만족스럽다고 적는다. "이곳은 모든 게 훌륭해. 가게에는 상품이 가득하고, 음식은 풍부하고, 아파트는 널찍한 데다 난방도 잘돼. 영화관에서는 서양 영화를 보여주고, 언제든지 연애할 수 있는 예쁜 아가씨들도 많아." 그러고는 끝에 가서 한 가지를 덧붙인다. "딱 하나 구할 수 없는 건, 빨간 잉크야."

　　영화 〈식스 센스The Sixth Sense〉 마지막 장면의 반전이 연상되지 않는지? "딱 하나 구할 수 없는 건, 빨간 잉크야"라는 마지막 멘트가 앞에 나오는 모든 메시지를 무효화하고 있기 때문이다. 파란 잉크로 썼기 때문에 모든 것이 진실인 것처럼 여겨질 수 있지만, 그것이 실제로는 빨간 잉크로 쓰였어야 했다는 걸 암시함으로써 이 노동자는 자신이 처한 상황의 진실을 친구에게 성공적으로 전달한다. 설사 "빨간 잉크를 사용할 수 있었을지라도, 사용할 수 없다는 거짓말이 이런 특수한 검열 상황에서 진실한 메시지를 전달할 수 있는 유일한 방법이 된다"라고 지젝은 덧붙인다. 그리고 이러한 방법이야말로 이데올로기 비판의 효과적인 모체matrix이며, 전체주의가 아닌 자유주의적 검열 상황에서, 곧 우리의 현실에서 더 효과적이지 않겠느냐고 말한다. 어떤 점에서 그런가.

> 우리가 '자유롭다고 느끼는' 것은 우리의 부자유를 표현할 언어 그 자체가 결여되어 있기 때문이다. 빨간 잉크가 결여되어 있다는 말의 의미는, 오늘날 우리가 현재의 갈등을 지칭하는 '테러와의 전쟁' '민주주의와 자유' '인권' 등의 주요 용어가 거짓이며, 우리가 그 갈등에 대해 사유하게 해주는 대신 우리의 상황 인식을 미혹하고 있다는 뜻이다. 정확히 말하면, '자유'라는 용어는 그 자체로 우리의 내밀한 부자유를 은폐하고 지탱하는 역할을 한다.(『실재의 사막』, 12쪽)

우리에게 '자유'란 말이 오히려 현실 인식을 오도하고 '내밀한 부자유'를 은폐한다는 것인데, 이러한 지적은 이미 G. K. 체스터턴(1874~1936)이 100년 전에 한 것이다. '브라운 신부' 시리즈로 유명한 영국 작가 체스터턴은 언론인이자 평론가, 그리고 기독교 변증가이기도 했다. 그는 『정통신앙Orthodoxy』이란 책에서 이렇게 말했다. (『이단Heretics』이란 책과 짝을 이루고 있기에 『정통신앙』이라고 옮겼다. 우리말 번역본은 『오소독시』[24]이다.)

> 우리는 대체로 자유사상이야말로 자유를 막아내는 최고의 안전장치라고 말할 수 있다. 현대식으로 말하자면, 노예의 정신의 해방이 노예의 해방을 막는 최고의 방책이다. 노예에게 그가 자유로워지고 싶은지 아닌지 고민하라고 가르쳐보라. 그러면 그는 스스로를 해방하

지 않을 것이다.[25]

여기서의 역설은 물론 '자유사상'이 실제적인 '자유'의 장애물이라는 주장에 놓인다. 자유에 대해 생각하고 말하도록 하면 오히려 자신이 자유롭다는 환상을 갖게 돼 더 이상의 요구를 하지 않는다는 뜻으로 이해할 수 있겠다.

여담을 덧붙이자면, '역설의 대가'로도 불리는 체스터턴은 노벨문학상 수상자인 극작가 버나드 쇼(1856~1950)와 동시대인이었다. 체스터턴과 비교하자면 쇼는 '독설의 대가'로 명성이 높았는데, 어느 날 두 사람이 거리에서 만났다. 버나드 쇼는 말라깽이였고 체스터턴은 한 덩치 하는 뚱보여서 서로 대조적이었다. 체스터턴이 먼저 말문을 열었다. "선생님을 보면 지금 영국이 기근 상태에 있다는 사실을 알 것 같군요." 쇼가 응수했다. "그렇지. 그러나 그 원인은 자네 때문이 아니겠나?" 두 사람이 서로 만만찮은 호적수였을 법하다. 참고로 국역본『오소독시』는 현재 품절 상태인데, 교정해서 읽을 대목이 있어 막간에 지적해둔다. 서문에서 체스터턴이 자신의 책을 누가 읽어야 하는지를 밝히고 있는 대목이다.

꽃밭의 꽃이나 저작집 한 권 속의 문장들, 정치적 사건과 젊은 날의 고통이 어떤 질서 체계 속에 함께 모여, 어떻게 기독교 정통신앙에 대한 어떤 확실한 신념을 낳았는지 알아가는 것에 즐거움을 느끼는 사람이라면 이 책을 읽어도 좋을 것이다. 그러나 모든 일에는 그에 합당한 노동이 따르기 마련이다. 나는 이 책을 썼다. 그러므로 나는 무슨 일이 있어도 이 책을 읽지 않을 것이다.[26]

24　　G. K. 체스터턴,『오소독시』, 윤미연 옮김, 이끌리오, 2003.
25　　G. K. 체스터턴,『오소독시』, 204쪽.
26　　G. K. 체스터턴,『오소독시』, 18쪽.

체스터턴은 이 책에서 자신이 어떻게 하여 정통 기독교인이 되었는지를 보여주는데, 그런 과정에 관심이 있는 독자라면 읽어봐도 좋겠다는 것이다. 모든 일에는 합당한 분업이라는 게 있고, 자신은 책을 썼으니 읽는 일에서는 면제된다는 논리가 거기에서 나온다. 체스터턴의 은근한 유머가 배어 있는 대목이다.

다시 자유의 문제로 돌아오면, 지젝은 체스터턴의 말이 우리의 '포스트모던' 시대에, 스스로를 해체하고 의심하고 거리를 두려는 시대에 더없이 잘 들어맞는 게 아닌가라고 말한다. 가령 "생각하지 말고 복종하라!Don't think, obey!"라는 낡은 모토(이건 전형적인 군대식 모토인데)는 요즘 같으면 오히려 역효과만 낼 뿐이다(물론 아직도 이런 것이 통용되는, 강요되는 나라가 없지는 않다. 대낮에도 군대처럼 조인트 까고 까이는 나라 말이다). 이럴 때 사회적 예속 상태를 안전하게 지속시킬 수 있는 방책은 사상의 자유를 허용하는 것이다(다시 말하지만, 이런 건 언론의 자유가 뒷걸음치고 있는 한국보다는 미국 사회에 더 적합한 지적이다). 물론 그런 예속에서의 탈피, 곧 자유를 위한 투쟁을 의심하기 어려운 '도그마'를 참조해야 한다는 것이 체스터턴의 또 다른 역설적 주장이다. 정리하면, 체스터턴의 역설은 상호 연계적이며 양면적이다. (1) 자유사상은 진정한 자유의 장애물이다. (2) 진정한 자유는 도그마를 필요로 한다.

할리우드의 스크루볼 코미디의 고전적인 장면들을 예로 들어보자. 여자가 남자 친구에게 묻는다. "나랑 결혼하고 싶어?" "아니!" "둘러대지 마! 솔직히 말해봐!" 여기서 유일하게 수용될 수 있는 '솔직한 대답straight answer'은 "응!"이다. 그밖의 모든 대답은 이 "응!"으로부터의 회피에 불과한 것으로 간주된다. 여자는 이미 상황을 장악하고 있기 때문이다. "아니라곤 하지만, 네가 날 사랑하는 걸 다 알아." "너에겐 나 말고 다른 여자는 상상할 수도 없어." "어서 용기를 내. 뭘 망설이는 거야!" 남자의 우물쭈물하는 태도가 자유주의적이라면 여자의 단호한 태도는 도그마적이며 근본주의적이다. 남자는 이렇게 말한다. "글쎄, 사랑은 하지만, 어떨 땐 아닌 것 같기도 하고……."

　　자유주의적 사랑법이란 혹 이런 우유부단과 책임 회피를 미화한 것에 불과하지 않을까. 그런 문제의식의 연장선상에서 '민주주의냐 근본주의냐'라는 선택지는 재고해볼 필요가 있다는 게 지젝의 주장이다. 오늘날 이데올로기적으로 민주주의 대신에 근본주의를 선택하는 것은 가능하지 않다('남한이냐 북한이냐'라는 선택지를 생각해보라). 하지만 문제는 '근본주의'가 아니라 '민주주의 그 자체'이다. 자명한 듯 보이는 '자유주의적 의회민주주의'야말로 재고의 대상이 되어야 한다……. 흠, 여기까지가 『실재의 사막』의 서문이다. '실재에 대한 열정'을 다루기로 했는데, 그건 다음 장으로 넘겨야 할 듯하다. 이런 소리가 귓가에 들리는 듯하다. "우물쭈물 둘러대지 말고, 어서 실재에 대해 말해봐!"

과격한 급진주의자

로버트 미지크의 『좌파들의 반항』[27]을 보면 흥미로운 에피소드가 나온다. 2005년에 독일에서 출간된 책인데, 슬라보예 지젝을 소위 '래디컬 시크 Radical Chic'라고 보는 부정적인 견해를 소개하고 있다. 독일 일간지 『차이트Zeit』의 문화부 편집장이자 중도파 지식인 외르크 라우가 막 출간된 지젝의 『혁명이 다가온다―레닌에 대한 13가지 연구』(2002)에 자극을 받아 그를 가리켜 '선량한 테러'를 꿈꾸는 위험한 인물이며 '겉멋만 부리는 영웅Radical Chic'이 되려 한다고 비난했다는 것이다.

'겉멋만 부리는 영웅'이란 표현은 '시크'하지 못한 번역인데, 아마도 그냥 음역하는 게 나을 듯싶다. 이 말의 저작권자는 뉴욕의 저널리스트 톰 울프다. 1960년대 후반 미국 상류사회의 좌파 자유주의자가 블랙팬더당(흑인 과격파) 기금 모집 파티를 열었을 때 그걸 비꼬는 의미로 처음 쓴 표현이라 한다. "한가한 부르주아들과 아무런 의무감도 없이 반항이라는 몸짓으로 스릴을 즐기며 의미를 찾으려고 애쓰는 중산층 젊은이에 대한 조롱"을 담고 있다고. '반항의 이미지'를 과시하고 소비할 따름인데, 가장 비근한 예는 체 게바라의 얼굴이 인쇄된 티셔츠 같은 것이다.

지젝의 얼굴이 새겨진 티셔츠는 눈에 띄지 않는 걸로 보아 아직 '래디컬 시크'는 못 되는 듯싶지만, 좌파 상업주의 혹은 '유행 좌파'에 대한 미심쩍은 시선은 온당하다. 그들의 제스처가 기껏해야 공허한 반항에 불과한 것 아니냐고 생각하는 것도 충분히 일리가 있다. 하지만 미지크는 이 문제를 라우보다 좀 더 복잡하게 생각한다.

체 게바라의 얼굴이 인쇄된 티셔츠를 입었다고 놀림감이 되는 젊은 이들이 만일 바리케이드를 치고 방화를 한다면 좋게 받아들여질까?

무엇이 과연 공허하지 않은 몸짓일까? 그 몸짓은 대체 언제쯤 완벽하
게 공허해질 수 있을까? 애석하게도 이 문제에 관해서는『차이트』와
『뉴욕 타임스』처럼 세계적인 유력지의 문화부에 근무하는 전문가들
조차 정확히 알지 못하는 것 같다. 유명인사들이 반항의 몸짓을 보이
고 반항아들이 유명인사가 된다는 사실에 그저 놀랄 뿐이다.[28]

그러니까 지젝과 같은 '과격한 급진주의자'가 유명인사가 되는 것도 한갓
유행에 불과하며, 알고 보면 그 또한 자본주의 상품화에서 포섭된다는 비
판은 절반만 옳다. 네 책이 많이 팔렸으니 너도 자본주의의 수혜자가 아니
냐는 비판이다. 대개 그런 비판은 근엄한 온건 좌파에게서 나온다. "적지
않은 주류가 그를 허풍을 심하게 떨면서 공허한 제스처 속으로 빠지고 마
는 래디컬 시크와 학문적으로 잘난 체하는 사람들 가운데서도 가장 혐오
감을 주는 인물이라고 여기는 것 같다."[29] 독일 지식 사회에서 지젝에 대한
숭배 못지않게 반감도 크다는 걸 엿보게 하는 대목이다. 미지크의 판단은
양가적이며 유보적인 것처럼 보인다. 다소 길지만, '그들은 지젝을 어떻게
생각할까?' 궁금해하시는 분들을 위해(이건 대타자의 시각에 대한 질문이
기도 하다) 세 개 단락을 인용해본다.

  지젝은 잘 나가는 급진 좌파들 가운데에서 놀라울 정도로 '이성적'이
  며, 테제의 소실점으로 빠져들지 않고 어떻게 해서든지 균형과 중도
  를 유지하는 사람으로 꼽힌다.

  지젝이 세계화된 이론의 상류계층의 진귀한 현상 중의 하나라는 것
  은 더 말할 나위가 없다. 그러나 냉소가이며 광적이며 정치적으로 오

27   로버트 미지크,『좌파들의 반항』, 서경홍 옮김, 들녘, 2010.
28   로버트 미지크,『좌파들의 반항』, 13~14쪽.
29   로버트 미지크,『좌파들의 반항』, 99쪽.

류를 지닌 그는 한편으로 위대한 도덕주의자이기도 하다.

지젝은 진지한 사고의 물꼬를 터주기 위해 진지하지 않은 질문을 던진다. 둘째가라면 서러울 만큼 총명한 그가 종종 어릿광대짓을 하는 까닭은, 사람들이 배를 잡고 웃지 않으려는 순간을 역으로 이용해서 원하는 바를 이끌어내는 법을 잘 알고 있기 때문이다.

전부는 아니지만 동의할 수 있는 구석이 많다. 특히 마지막 인용이 그러한데, 지젝의 '어릿광대짓'이 전술적이라는 것이다. 영어권에서는 'MTV 철학자'로 불린 그가 독일에서는 '래디컬 시크'로 비꼼의 대상이 된다. 하지만 지젝은 그것을 '의도와 다르다'며 피해가는 것이 아니라, 역으로 그러한 상황을 자신의 목적에 맞게 이용하려 한다. 한 연극의 대사를 빌리자면, 사람들은 "어느 누구도 자본주의를 몰아낼 수 없다"라고 말한다. "자본주의의 바깥은 없다!"라는 말로 정리할 수 있겠다. "반항의 제스처만 가지고는 우리에게서 아무것도 얻어내지 못할 것이다"라는 엄포도 들린다. 체계(시스템)는 물론 막강하다. "시민들의 권리는 편협한 논리에 따른 생산 시스템, 말하자면 경제 체계에 편입된다는 이유 때문에 점점 줄어들고 있는 실정"이라는 점도 맞다. 하지만 아킬레스건이 없는 건 아니다. "어떠한 시스템이든 기능을 제대로 발휘할 수 있으려면 제반 조건들이 주체의 결정권을 장악해서는 안 된다"라는 점이 그러하다. 지젝이 노리는 바도 바로 그 점이다. 주체가 문제라는 것.

불완전한 체제의 과잉

영화 〈매트릭스〉에서도 네오에겐 빨간 약과 파란 약 사이에서 선택할 수 있는 주체적 결단의 순간이 주어졌다. 시스템은 막강하지만 그 자체로 완벽하진 않다. 거꾸로 모든 것을 완벽하게 차단하는 시스템이라면 너무 비효율적이어서 제대로 작동할 수 없을 것이다. 리처드 도킨스가 들고 있는 말벌(나나니벌)의 사례를 떠올려본다.

> 말벌 암컷은 먹이를 쏘아서 마취시킨 후 집으로 끌고 온다. 그런 다음 그것을 밖에 놓아둔 채 집 안으로 들어가서 이상이 없는지를 확실하게 확인하고 나서 먹이를 끌고 들어가려고 다시 나타난다. 땅에 구멍을 파서 만든 집 속에 말벌이 들어가 있는 동안 실험자는 먹이를 말벌이 놓아둔 곳에서 몇 센티미터 정도 떼어놓는다. 말벌이 다시 나타나면 먹이가 없어진 것을 알아채고 그것을 재빨리 다시 찾는다. 그런 다음 그것을 끌고 와서 자기 집 입구에 다시 갖다 놓는다. 말벌이 집 안을 조사한 지 몇 초밖에는 지나지 않는다. 그러나 말벌의 행동 프로그램은 초기 단계로 다시 넘어간다. 말벌은 먹이를 굴 입구에 다시 놔두고 집 안을 한 번 더 조사한다. 실험자는 싫증이 나서 그만둘 때까지 이 짓을 40번이나 되풀이했다. 말벌은 이미 40번이나 빨래를 했다는 사실을 '인식하지' 못하고 프로그램의 초기 단계로 다시 돌아가 자동세탁기처럼 행동했다.[30]

물론 재밌고 우스운 사례다. '자동세탁기'처럼 행동하는 이 말벌의 행동 프로그램이 엉성하고 뭔가 모자란 듯 보이기 때문이다. 적어도 우리는 이 말벌보다는 더 '똑똑하게' 행동한다고 생각해서다. 하지만 말벌이 자기가 이미 '빨래'를 했다는 사실을 인식할 만큼의 인지 능력을 갖기 위해서는 그쪽으로 엄청난 '투자'를 해야 했을 것이고, 그만큼 다른 쪽을 희생해야 했을 것이다. 그런 선택이 말벌의 진화에 유리하게 작용했을 성싶지 않다. 자기가 갖다 놓은 먹이가 40번이나 위치가 옮겨지는 '미스터리한' 일이 자연계에서는 좀처럼 일어나지 않을 터인데, 그에 대한 대응 매뉴얼을 미리 마련하는 것은 너무 소모적이고 낭비적이지 않겠는가. 하여 이러한 불비함, 혹

30   리처드 도킨스, 『에덴 밖의 강』, 이용철 옮김, 동아출판사, 1995, 94쪽.

은 불완전성이 오히려 본성과 시스템의 작동 조건이다. 그 불완전성의 효과가 주체이고 주체의 결정권(자유)이다. 그것은 오작동의 가능성을 열어놓는 체계의 일부이자 과잉이다.

잠시 우회하였는데, 다시금 방향을 『실재의 사막』으로 틀어본다. 1장의 제목은 '실재에 대한 열정, 가상에 대한 열정'이라고 붙어 있다. 이 대목은 지젝의 2003년 방한 강연을 담은 『탈이데올로기』의 제1강연과 동일하지는 않지만 많은 부분이 겹친다. 그래서 같이 참조하면 도움이 된다. 이미 실재(계)에 대한 예비적 설명은 앞에서 다루었기 때문에 '실재에 대한 열정' 혹은 '실재의 열망'이 어떤 의미인지는 대충 짐작하실 수 있을 터이다. 그래도 지젝은 실재에 대한 열정이 어떤 것인지를 설명하기 위해 브레히트부터 에른스트 윙거, 오시마 나기사 등의 많은 사례를 동원하고 있는데, 오시마 나기사는 〈감각의 제국〉의 감독 오시마를 가리킨다. 두 연인의 성애관계가 서로를 고문할 정도로 과격해지다가 결국 죽음에까지 이르게 되는 과정을 보여주는 '컬트 영화'였다. 이런 것이 말하자면 '실재에 대한 열정'이다. 그 궁극의 형상으로 지젝은 여성의 성기를 보여주는 포르노 영화의 장면도 예시한다.

> 가령 여자 성기의 안쪽을 들여다보는 장면, 게다가 진입 중인 남자 성기의 머리에 설치된 소형 카메라의 눈으로 들여다보는 장면을 생각해보라. 하지만 이런 극단적인 지점에서는 어떤 전회가 일어난다. 욕망의 대상이 너무 가까이 다가오게 되면 성적 매혹은 구토로 전환된다. 고깃덩어리의 실재 앞에서 구토하게 되는 것이다.(『탈이데올로기』, 16쪽)

다른 대목의 번역은 『탈이데올로기』가 『실재의 사막』보다 수월하지만 이 대목만은 그렇지 않은데, 소형 카메라를 '남자 성기의 머리'에 설치했다고 옮겼기 때문이다(그런 설정이 엽기적이다). 그것은 실제 성기가 아니라 '모조 음경dildo'을 가리킨다. 과연 여성적인 것의 핵심에 무엇이 있을까라는 호기심에 그 '욕망의 대상'에 가까이 근접하지만, 우리가 보게 되는 것은 '살의 실재the real of the bare flesh'일 뿐이다('고깃덩어리'도 좀 과도한 번역이다). 요는 9.11 테러, 곧 "근본주의적 테러라는 것도 실재에 대한 열정의 표현이 아닐까?"라는 것이다.

쿠바 혁명의 거세 논리

프랑스 철학자 알랭 바디우Alain Badiou는 『세기Le Siècle』라는 책에서 20세기의 특징으로 '실재에 대한 열정passion for the real'을 지목한다. 프랑스어본은 2005년, 영어본은 2007년에 나왔지만 아직 우리말 번역본은 나오지 않았고, 지젝이 참고한 것은 책의 초고다. 바디우의 주장을 지젝은 이렇게 정리한다.

> 19세기가 유토피아적인 혹은 '과학적인' 기획과 이상, 미래를 위한 계획들을 꿈꾸었다면, 20세기는 사물the thing 그 자체를 전달하는 것, 갈망하던 새로운 질서를 직접 실현하는 것을 목표로 한다. 20세기의 궁극적이고 결정적인 순간은 실재를 직접 경험하는 순간이었다. 이 실재는 일상적인 사회적 현실과 대립되는 것이며, 기만적인 현실의 층위를 벗겨내는 대가인 극단적 폭력 안에 있다.(『실재의 사막』, 17쪽)

실재를 직접적으로 경험한다는 것은 무슨 뜻인가? '일상의 사회적 현실everyday social reality'과 대립하는 어떤 것을 경험한다는 의미다. 브레히트의 경험을 예로 들면, 그는 1953년 7월 극장에 가던 길에 노동자들의 시위를 진압하기 위해 진주한 소련 탱크들의 대열과 마주치게 됐다. 일상적으로 경험하던 것과는 전혀 다른 현실과 직면하자, 당원이 아니었던 그는 생애 처음으로 공산당에 가입하고 싶은 충동을 느꼈다고 한다. 미래에 대한 전망 때문은 결코 아니었다. 이 '가혹한 폭력'이 어떤 진정성의 표지로 보였기 때문이었다. '실재'는 그렇게 기만적인 '현실'의 더께를 벗겨내는 폭력으로 경

46

험된다.

그런 경험의 맥락에서 보자면 '현실 대 실재'의 대립은 '가짜 대 진짜'의 대립이라고 할 만하다. 현실에서 우리는 각자의 사회적 역할을 수행하지만, 어느 순간 그런 건 다 연기일 뿐이고 진정성이 결여된 것으로 비칠 때가 있다. 대신 계급장 떼고 맞장 뜨는 것이 '진짜'처럼 여겨진다. 혹은 폭탄주를 돌려 마시고 바지는 걷어붙인 채 넥타이를 머리에 동여매는 수준에 도달해야 '진짜'라고 생각하기도 한다. 전장에서라면 일대일 육박전으로 맞붙는 것이야말로 '진짜'라고 고집할 수도 있다. 가볍게 입 맞추는 것으로는 성에 차지 않아서 아예 입술을 깨물어준다거나 긁어도 피가 나게 긁는 것 따위도 이런 '진짜 경험'의 목록에 올려놓을 수 있겠다. 이렇듯 '진짜'라고, 어떤 진정한 무엇의 경험이라고 간주되는 것, 그것이 바로 '실재의 열망'이고 '실재의 경험'이다. 지젝 자신의 경험담을 덧붙이자면 그는 1990년대 초에 슬로베니아 대선에 참여한 적이 있는데, 그때 그 자신도 실재에 대한 열정을 느꼈다고 한다. 다른 게 아니라 정부에서 장관직이나 어떤 고위직을 맡게 된다면 단연코 내무장관이나 정보기관장을 하고 싶었다는 것이다. 왜 그랬을까? 그거야 물론 직접적인 물리력을 동원할 수 있는 자리이기 때문이다. 그런 자리야말로 경찰이나 요원들을 거느린 권력 실세가 아닌가. 그에 비하면 문화부 장관이니 교육부 장관, 과학기술부 장관이니 하는 직책은 우스꽝스러울뿐더러 일고의 가치도 없는 자리다. 지젝의 그런 바람이 혹 현실화했더라면 슬로베니아 국민들은 지젝식 '공포정치'를 경험했을지도 모를 일이다!

지젝은 실재에 대한 이러한 열정의 또 다른 예를 쿠바 혁명에서 찾는다. "사회적 현실의 '물자 공급'과 대비되는 '실재에 대한 열정'의 또 다른 버전은 쿠바 혁명에서 명확히 인식할 수 있다."(『실재의 사막』, 18쪽) 이 대목에서 '물자 공급'은 'servicing of goods'의 번역이다. 『탈이데올로기』에서는 '선의善意의 봉사'라고 옮겼는데, '물자'의 오역이 아닌가 싶다. 쿠바에서 어떤 일이 벌어지고 있는지에 대해선 『실재의 사막』이 『탈이데올로기』보다 조금 더 자세하게 묘사하고 있는데, 공통되는 결론은 이런 것이다.

쿠바에서는 단념 그 자체가 혁명적 사건의 진정한 증거로 경험되고 부과된다. 정신분석에서 이를 거세의 논리the logic of castration라 부른다. 쿠바의 정치-이데올로기적 정체성 전체는 거세에 대한 충실성fidelity to castration에 놓여 있다(지도자의 이름이 피델 카스트로Fidel Castro인 것도 놀라운 일이 아니다!).(『실재의 사막』, 20쪽)

쿠바에서는 포기 승인장 자체가 혁명적 사건의 진정성을 입증하는 증거물로 경험, 부과되고 있는데, 이는 정신분석에서 거세의 논리라 불리는 것에 해당한다. 쿠바의 정치-이데올로기적 정체성 전체는 충실한 거세fidelity of castration에 기초하고 있다(그러므로 지도자의 이름이 피델 카스트로Fidel Castro라는 것은 하등 놀라운 일이 아니다!).(『탈이데올로기』, 17쪽)

'단념' 혹은 '포기 승인장'은 'renunciations'의 번역이다. 욕망의 '자제'나 '금욕'도 가리키는 단어다. 구체적으로 쿠바에서는 '폐기와 계획적 구식화라는 자본주의 논리'를 계속해서 영웅적으로 거부하고 있음을 염두에 둔 말이다. '계획적 구식화'란 제품이 계획적으로 구식이 되도록 하는 걸 말한다. 제품의 평균수명이 정해져 있어서, 가령 냉장고의 수명이 10년이라고 하면 사용자는 10년 정도 사용한 후에 새 냉장고로 교체하는 식이다. 그렇게 제품을 폐기하고 제때 새로운 걸 구매하지 않는다면 자본주의가 정상적으로 작동할 수 없을 것이다. 너무 튼튼한 물건을 만들었다가 망했다는 기업들은 이런 '자본주의적 논리'를 간과했던 게 된다. 하지만 쿠바에서는 그렇게 쓰레기로 폐기처분됐을 만한 물건들이 여전히 사용되고 있다. 1950년대 미국산 자동차들이 거리를 활보하고 캐나다산 노란색 스쿨버스가 돌아다닌다. 그래서 쿠바 사회를 지배하는 것은 자본주의적 역동성dynamics이 아니라 혁명적 정체standstill다. 벤야민이 말하는 '정지 변증법'을 떠올릴 정도다.
　　이러한 포기와 단념이 쿠바에서는 '혁명적 사건에 대한 진정성'으로, 곧 '진짜'로 경험되며, 정신분석 용어를 갖다 쓰자면 이런 게 '거세의 논리'

체 게바라(좌)와 피델 카스트로(우).

다. 즉 쿠바의 정치적-이데올로기적 정체성은 '거세에 대한 충실성fidelity to castration'에 놓인다. '피델리티 투 카스트레이션'이란 말에서 음성적으로 쿠바의 지도자 피델 카스트로를 연상하게 되는 것은 우연의 일치이긴 하지만 절묘하다(그의 이름을 부를 때마다 우리는 은연중 '거세'를 상기하게 되는 것일까?). 하지만 이러한 '충실성'의 이면에는 낡아가는 건물들과 함께 사회적 삶이 점점 더 타성과 무력증에 빠져든다는 문제가 있다. 역설적인 것은 이것이 혁명을 배반한 결과가 아니라 그 혁명적 사건에 오히려 충실한 결과라는 점이다. "이런 더럽혀진 타성이 혁명적인 숭고함의 '진실'이다."

이 대목에서 지젝은 쿠바 혁명의 특수성에 대해 각주로 보충하고 있는데, 그것은 "피델과 체 게바라라는 이원성"에 의해서 가장 잘 표현된다. 거기에 덧붙는 지젝의 지적은 "소련의 경우에도 사정은 마찬가지가 아니었을까"란 것이다. 물론 트로츠키가 혁명의 반역자로 숙청되지 않았더라면,이란 가정하에서다(실제로는 스탈린이 보낸 자객에게 암살당했지만). 지젝이 상상하는 시나리오는 이런 것이다. 체와 피델 대신에 트로츠키와 스탈린을 대입한 시나리오다.

1920년대 중반에 트로츠키는 다른 나라로 이주하면서 소련 시민권을 포기하는데, 그것은 세계를 돌아다니며 영원한 혁명을 선동하기 위해서다. 그러나 그 뒤 곧 죽고 마는데, 그의 사후에 스탈린은 그를 숭배자로 격상시키는 것이다. 그랬다면 오늘날 체 게바라의 티셔츠만큼이나 트로츠키의 티셔츠도 유행을 탔을지 모를 일이다······.

3장　　가상에 대한 열정

자유주의적 다문화주의

다시 반복해보자. "소위 근본주의적 테러라 불리는 것도 실재에 대한 열정
의 표현이 아닌가?"(『실재의 사막』, 21쪽)라는 것이 지젝의 물음이다. 그것
이 어떤 의미를 갖는지 그는 많은 사례들을 동원하여 따져본다. 지젝의 주
된 방식이지만 안팎을 뒤집어가면서.

　　영화 〈바더 마인호프The Baader Meinhof Complex〉(2008)를 통해서 우리가
자세히 들여다볼 수 있었던 풍경이지만, 지젝은 먼저 1970년대 초 독일의
적군파Red Army Faction 테러의 배경에 주목한다. 신좌파 학생운동이 붕괴된
뒤 곁가지로 빠져나온 것이 적군파였는데, 그들은 학생운동 실패의 교훈
을 이렇게 짚었다. (1) 대중이 비정치적 소비주의에 너무 깊이 침윤돼 있다.
(2) 통상적인 정치교육과 의식화로는 그들을 각성시키는 것이 불가능하
다. (3) 따라서 그들을 이데올로기적 무감각과 최면상태에서 흔들어 깨우
려면 더 폭력적인 개입이 필요하다(슈퍼마켓 폭파 같은). 이와 동일한 논리
가 오늘날의 근본주의적 테러에도 그대로 적용되지 않을까? 이 역시도 일
상적 이데올로기의 세계에 푹 빠져 있는 서방 시민들을 일깨우기 위한 것
이 아닐까?

　　여기서 지젝이 주목하는 것은 이러한 '실재에 대한 열정'이 갖고 있는
근본적인 역설이다. 그러한 열정은 그 정반대의 '연극적 스펙터클'에서 절
정에 도달한다는 점이 역설적인데, 바로 그런 맥락에서 '실재에 대한 열정'
은 '가상semblance에 대한 열정'이기도 하다. 실재=가상? 그래서 역설이다.
지젝은 이렇게 정리한다.

　　실재에 대한 열정이 스펙터클한 '실재의 효과'라는 순수한 가상으로
　　귀결된다면, 이와 정확히 반대로 가상에 대한 '포스트모던'한 열정은

실재에 대한 열정으로의 폭력적인 회귀로 귀결된다.(『실재의 사막』, 22쪽)

지젝이 말하는 건 마치 거울상처럼 교차하는 두 가지 과정이다. 실재에 대한 열정은 실재의 스펙터클한 효과라는 순수한 가상으로 귀결되고, 가상에 대한 포스트모던적 열정은 결국엔 실재에 대한 열정으로의 폭력적인 회귀로 종결된다. 간단히 말해서 실재는 가상으로, 가상은 실재로 귀결된다. 지젝이 드는 예는 '자해자들cutters'이다. 대개는 여성들인데, 면도날로 손목을 긋는다든가 혹은 기타 방식으로 자해를 하는 사람들을 가리킨다. 여하튼 우리 주변에서도 면도날이나 담뱃불로 자해하는 경우를 아주 드물지는 않게 볼 수 있다. 그건 어떤 의도에서인가? '현실 자체'를 주장하기 위해서, 단언하기 위해서다. 거꾸로 말하면, 뭔가 사는 것 같지 않고 현실이란 실감이 나지 않아서다. 자해는 그런 가운데 자아를 신체적 현실 안에 확고하게 근거 지우기 위한 시도이다. "면도칼 자해자들에 대한 표준적인 보고에 따르면, 스스로 자해한 상처에서 붉고 따뜻한 피가 흘러나오는 것을 보면 느낌이 다시 살아나고 현실에 확고히 뿌리내린 기분이라는 것이다."(『탈이데올로기』, 19쪽) 물론 이러한 자해행위는 병리적이지만, 궁극적으로는 어떤 정상성을 회복하고, 완전한 정신병적 붕괴를 피하기 위한 병리적 시도이다. 즉 자해자는 정신병자가 아니라, 정신병자가 되지 않기 위해서 안간힘을 다하는 자이다.

그런데 이러한 자해 현상과 관련된 것이 바로 우리 주변 환경의 '가상화virtualization'이다. 실체가 제거됨으로써 현실이 점점 더 가상현실화되고 있는 것이 바로 우리의 '현실'이다. 예컨대 카페인 없는 커피, 지방을 뺀 크림, 알코올 없는 맥주 등등. 섹스 없는 섹스로서 가상 섹스(혹은 사이버섹스)도 여기에 포함할 수 있고, 전쟁 없는 전쟁, 곧 아군 사상자가 발생하지 않는 전쟁에 대한 콜린 파월의 독트린도 추가할 수 있다. 거기에 정치를 행정으로 대체한 '정치 없는 정치'와 타자성이 제거된 타자 경험으로서 관용적 자유주의적 다문화주의까지 '가상화'는 전면적이다.

매혹적인 춤을 추고 생태적으로 건전한 전체론적 접근 방식으로 현
실을 대하는 이상화된 타자. 반면 아내 구타와 같은 관습은 관심 밖
이다.(『실재의 사막』, 23쪽)

인용문 전체는 '타자성이 제거된 타자'란 말 뒤에 괄호로 묶여서 등장한다.
그 타자성이란 어떤 타자성인가? '매혹적인 춤'을 춘다고 할 때 먼저 떠올
리게 되는 건 서남아시아나 동남아시아의 춤이다. 뭔가 이국적인 춤, 동아
시아의 춤이어도 무방하겠다. 몸과 마음을 분리시켜 사고하지 않으며, 부
분과 전체를 분리시켜 사고하지 않는다는 것도 포함하지만. 간단한 예를
들자면 수지침 같은 것이다. 손바닥에 전신의 부위에 해당하는 대응점이
있어서 여기에 자극을 주어 질병을 치료한다는 원리다. 발 마사지도 마찬
가지다. 손이나 발은 몸의 일부이지만 전체를 반영한다는 것이 '전체론적
접근'이다. 서양의 기계론적, 분리론적 접근과는 다르기에 낯설고 '타자적'
이다. 이 정도 타자성에 대해서는 관용적인 태도를 보이는 게 자유주의적
다문화주의다.

하지만 그 타자성에도 불편하고 께름칙한 게 있다. '아내 구타' 같은
관습이다. 그리고 이러한 관습에 '눈감는' 주체는 '이상화된 타자'가 아니라
'우리(서양인)'다. '아내 구타'는 빼놓고 매혹적인 춤과 전체론적 현실관 같
은 타자성만을 수용하는 것, 그것이 '타자성 없는 타자'의 경험이다. 거기
엔 카페인 없는 커피나 알코올 없는 맥주처럼, 우리식 표현으로 '앙꼬 없는
찐빵'처럼 뭔가 실체가 빠져 있다. 그렇듯 뭔가 빠진 현실을 일반화한 것이
'가상현실'이다. "가상현실은 그저, 실체를 제거한 상품을 공급한다는 이러
한 절차를 일반화할 뿐이다. 즉 가상현실은 그 실체, 즉 실재의 단단한 저
항적 핵심을 제거한 현실을 제공한다."

현실을 허구로 오인하지 말라

우리의 현실이 점차 이러한 가상현실로 대체되면서 벌어지는 일은 '진짜 현실real reality' 혹은 '실재적인 현실'이 일종의 가상virtual entity으로 경험되는 것이다. 대다수 대중에게 세계무역센터WTC의 폭발과 붕괴는 텔레비전 화면상의 사건으로 지각됐다. 기념비적 건물이 주저앉고 거대한 먼지구름 속에서 사람들이 달려 나오는 장면의 반복적인 재생은 이미 대재난 영화의 장면들을 떠올려주는 것이었다. 그렇다면 세계무역센터의 폭발에 대해서 그것이 "우리의 착각과 미망의 영역을 산산조각 낸 실재의 침입"이었다고 보는 '표준적 해석'에 얽매일 필요가 없다고 지젝은 말한다.(『탈이데올로기』, 21쪽) 우리는 이미 제3세계의 참상에 대해서 그것이 텔레비전 화면상으로나 출현하는, 곧 우리의 사회적 현실과는 무관한 것으로 지각해왔다(혹은 우리의 경우라면 그들은 연예인들의 자원봉사라는 프레임 속에서, 곧 '선행'의 배경으로만 출현해왔다고도 말할 수 있겠다). 그렇다면 9.11에 대해서도 다르게 말할 수 있다. "2001년 9월 11일에 일어난 사건은 이 화면상의 공상적 출현이 우리의 현실로 들어왔다는 데 있다. 결코 현실이 우리의 이미지로 들어온 것이 아니라 오히려 이미지가 우리의 현실로 들어와서 우리의 현실을 산산조각 낸 것"이라고 말이다.(『탈이데올로기』, 21쪽) 이것이 가상은 실재가 되고 실재는 가상이 되는 '가상과 실재의 변증법'이다. 물론 지젝의 설명이다.

이는 가상과 실재의 변증법이 다음과 같은 단순한 수준으로 환원될 수 없음을 의미한다. 이를테면 일상적 삶이 가상화되고 우리가 사는 세계가 점점 더 인공적으로 구성된 장소가 되어가는 것을 경험하기 때문에 우리가 '실재로의 귀환'이라는 억누를 수 없는 충동, 어떤 '실재 현실'에 다시금 굳건히 뿌리를 내리고자 하는 충동을 느낀다는 그런 수준 말이다. 귀환하는 실재는 (또 다른) 가상의 지위를 지닌다. 바로 그것이 실재라는 이유 때문에, 다시 말해 그 외상적인/과잉적인 성격 때문에 우리는 그것을 우리의 현실(우리가 현실로서 경험하는

9.11테러는 마치 영화 속 한 장면이 현실로 날아든 것과 같은 착각을 불러일으켰다.

것) 안으로 통합할 수 없으며, 따라서 그것을 악몽의 출현으로 경험할 수밖에 없다.(『실재의 사막』, 33~34쪽)

일상적 삶이 가상화되고 있어서 더욱 확고한 '실재적 현실'에 뿌리내리고자 하는 충동을 갖게 된다는 점은 '자해자들'의 사례를 통해 알 수 있었다. 하지만 그 정도는 '초보적인 사실'이고, 지젝은 거기서 한 걸음 더 나가야 한다고 주장한다. '돌아오는 실재', 다시 '귀환하는 실재'는 좀 다른 가상의 지위를 갖는다는 것이다. '실재'란 정의상 외상적이면서 과잉적이기에 우리는 그것을 '현실'로 통합할 수 없다. 즉 현실이란 틀에 다 담을 수가 없다. 그것은 넘쳐난다. 때문에 실재는 언제나 악몽 같은 것으로 경험될 수밖에 없다. 9.11 때 무너진 쌍둥이 빌딩의 이미지가 바로 그렇다. 그것은 '이미지'이자 '가상'이고 어떤 '효과'였지만, 동시에 '사물 자체the thing itself'였다.

만약 실재가 가상으로 등장할 수밖에 없고 악몽으로만 경험된다면, 거기서 도출할 수 있는 결론은 무엇인가? "허구를 현실로 오인하지 말라"라는 포스트모더니즘적 주장을 정확하게 뒤집어서, "현실을 허구로 오인하지 말아야 한다"라는 것이다. 무슨 말인가? "현실의 어떤 부분이 환상을 통해 '기능 변화'되는지, 그래서 그것이 현실의 일부임에도 허구적인 방식으로 지각되는지를 분간할 줄 알아야 한다"라는 뜻이다. '실재 현실real reality' 속에서 허구의 부분을 알아내는 것이 현실(로 나타나는 것)이 허구의 가면임을 폭로하는 것보다 훨씬 더 어렵다고 지젝은 덧붙인다. 라캉은 이런 말을 했다고 한다. 동물들은 가짜를 진짜로 속일 수 있지만, 유일하게도 인간은 진짜를 가짜로 속일 수 있다고. 그러니 중요한 것은 그 진짜 속에서 가짜를 가려내는 것이다. 실재적 현실 속에서 허구를 식별해낸다는 것은 그런 의미다. 그런 관점에서 지젝은 면도칼 자해자들의 사례도 다시 해석해봐야 한다고 주장한다.

만일 실재의 진정한 대립항이 현실이라면, 자해자들이 스스로의 몸에 상처를 내면서 진정 벗어나려는 것은 비현실의 느낌, 우리 생활 세계의 인공적인 가상성이 아니라 실재 그 자체 아닌가? 이 실재는 우리가 현실에 내린 닻을 잃어버리는 순간 출몰하기 시작하는 통제할 수 없는 환각의 모습으로 분출해 나온다.(『실재의 사막』, 34~35쪽)

요컨대 신체 자해자들이 회피하고자 하는 것은 비현실성이 아니라 오히려 실재라는 것이다. '현실'에 내린 닻을 잃어버리자마자 우리에게 출몰하기 시작하는 이 실재의 환각에 대해서는 헤겔이 말하는 '세계의 밤'에서 기원적 이미지를 찾을 수 있을 듯싶다. 지젝이 자주 인용하는 대목이기도 한데, 참고 삼아 인용한다. (이 대목에 대한 설명은 토니 마이어스의 『누가 슬라보예 지젝을 미워하는가』[31]를 참고할 수 있다.)

> 인간은 이런 밤, 즉 모든 것을 단순한 상태로 포함하고 있는 이 텅 빈 무이다. 무수히 많은 표상들, 이미지들이 풍부하게 있지만, 이들 중 어느 것도 곧장 인간에게 속해 있지 않다. 이런 밤, 여기 실존하는 자연의 내부, 순수 자기self는 환영적 표상들 속에서 주변이 온통 밤이며, 그때 이쪽에선 피 흘리는 머리가, 저쪽에선 또 다른 흰 유령이 갑자기 튀어나왔다가 또 그렇게 사라진다. 무시무시해지는 한밤이 깊어가도록 인간의 눈을 바라볼 때, 우리는 이 밤을 목격한다.[32]

여기서 좋은 사례가 돼주는 것은 미카엘 하네케의 영화 〈피아니스트La Pianiste〉(2001)이다. 노벨상 수상작가 엘프리데 옐리네크의 소설 『피아노 치는 여자Die Klavierspielerin』를 원작으로 한 영화로 젊은 피아니스트와 연상의 여자 선생님 사이에 벌어진 '정열적이지만 도착증적인 사랑 이야기'를 다루고 있다. 이자벨 위페르가 문제의 선생님 역을 맡아 뛰어난 연기를 선보였고, 칸영화제에서 여우주연상을 수상하기도 했다. 원래는 19세기 말 빈에서 성적으로 억압된 상류 가정의 여성이 자신의 피아노 선생과 열정적인 사랑에 빠진다는 상투적 이야기를 바탕으로 한 것인데, 이것이 한 세기 뒤에는 남녀의 성이 바뀌었다. 하지만 그보다 중요한 것은 오늘날의 관용적·방임적 시대에는 이런 이야기 자체도 도착적으로 비틀리게 된다는 점이다.

자신이 가르치는 학생이 성적으로 구애해오자 '억압돼 있던' 피아노 선생은 자신의 요구조건을 상세하게 적은 편지를 그에게 보냄으로써 자신을 폭력적일 만큼 격렬하게 내보인다. 편지의 내용은 자신을 묶는 법, 항문을 강제로 핥게 하기, 그리고 따귀를 때리고 매질하기 등등, 기본적으로 피학증적 성관계의 시나리오를 담은 것이다. 그녀의 이 가장 내밀한 환상 자체는 너무 외설적이고 외상적이어서 입에 담을 수 없기에 글로 쓰였다. 이러한 환상의 직접적 노출은 남자에게 그녀의 지위를 '매혹적인 사랑의 대상'에서 '혐오스러운 실체'로 변환시키지만, 그는 처음에 거부감을 느꼈던 그 시나리오에 몰입한다. 그녀의 뺨을 때려서 코피가 나게 하고 난폭하게 걷어찬다. 그러고 나서는?

> 환상이 실현되어 움츠러든 그녀가 무너져 내리자, 그는 그녀에 대한 자신의 승리를 확실시하려고 그녀와의 섹스를 행동으로 옮긴다.(『실재의 사막』, 36쪽)

여하튼 그녀의 환상을 거쳐서 그는 직접적인 성행위(삽입)로 넘어갔지만, 그녀에게 환상에 의해 지탱되지 않는 성행위 자체는 아주 혐오스러운 경험일 뿐이었다. 그리고 이 혐오스러움은 그녀를 다시금 냉담하게 만들고 자살로 내몬다. 무엇이 문제인가? 그녀의 환상의 노출을 진정한 성적인 행위에 대한 방어 형성으로 해석하고 그 행위를 즐기러 갈 수 없게 만든 그녀의 무능함의 표현으로 해석하는 것은 완전히 잘못된 해석이라고 지젝은 말한다. "정반대로, 노출된 환상은 그녀 존재의 핵심을, '그녀 안에 있는 그

31　토니 마이어스, 『누가 슬라보예 지젝을 미워하는가』, 박정수 옮김, 앨피, 2005.
32　슬라보예 지젝, 『까다로운 주체』, 이성민 옮김, 도서출판 b, 2005.

녀 자신보다 더 많은 것'을 형성한다. 사실상 이 환상 속에 구현된 위협에 대한 방어 형성이 성행위이다."

'환상'의 형태로 삐져나오긴 했지만, 그것이 핵심이고 실재라는 것이다. 따라서 그러한 실재의 위협에 비하면 실제 성행위란 그에 대한 방어 형성물 정도에 불과하다는 것이 〈피아니스트〉에서 얻을 수 있는 메시지다. 현실을 허구(환상, 가상)로 오인하지 말아야 하는 이유다.

필연적 과잉, 궁극적 환영

그렇다면 이 '실재의 열망', '실재에 대한 열정'은 거부되어야 하는가? 그렇지는 않다.

> 일단 이런 입장을 취하면 우리에게 유일하게 남은 태도는 끝까지 가기를 거부하는 태도, '가상을 유지하자'는 태도뿐이기 때문이다. 20세기의 '실재에 대한 열정'의 문제는 그것이 실재에 대한 열정이라는 점이 아니다. 문제는 이것이 거짓 열정이었다는 점, 이 거짓 열정은 가상 뒤에서 실재를 찾으려고 무자비하게 추구했지만 이는 실재와의 대면을 피하려는 궁극적 전략이었다는 점이다.(『실재의 사막』, 40쪽)

어떻게? 이번에는 프란시스 코폴라의 영화 〈지옥의 묵시록Apocalypse Now〉(1979, 감독판 2000)을 예로 들어보자. 지젝을 즐겨 읽은 독자라면 친숙한 예이기도 할 텐데, 영화 속에서 말론 브란도가 연기한 주인공에 대한 이야기다. 주인공 쿠르츠 대령은 "쿠르츠 대령이라는 인물을 통해 제시된 프로이트의 '원초적 아버지'—어떠한 상징적 법에도 종속되지 않는 외설적인 향락의 아버지, 무시무시한 향락의 실재와 직접 대면하려는 절대적 주인—가 어떤 야만적인 과거의 유산이 아니라 현대 서구 권력 그 자체의 필연적 결과물로 나타난다는 점은 의미심장하지 않은가?"(『실재의 사막』, 43쪽) 중요한 것은 그가 야만적인 과거의 유산이 아니라 서구 권력 자체의 필연적인 결과물로 제시된다는 점이다. 커츠는 완벽한 군인이었지만 군 권력 체계와 자신을 과도하게 동일시했고, 결국은 체계가 제거해야 할 과잉이 되었다. "〈지옥의 묵시록〉의 궁극적 지평은 권력이 그 자체의 과잉을 초래하는 방식에 대한 통찰에 있다." 즉 여기서 문제는 체계로부터의 병리적 일탈이 아니라 체계 자체가 필연적으로 생산해내는 과잉이다. 윌라드는 커츠를 제거하는 비밀작전에 투입되는데, 그의 임무는 공식 기록에 존재하지 않는다. 이 작전을 지시하는 장군의 말대로 "그것은 결코 없던 일이다."

9.11 이후 공식 매체에 의해 '근본악의 화신'으로 그려지고 있는 빈 라덴이나 탈레반에 대해서도 똑같이 말할 수 있다. 그러한 묘사에 가려진 것은 이들이 아프가니스탄에서 미국 중앙정보국CIA의 지원 아래 소련과 맞서 싸운 게릴라 부대의 일원이었다는 이면적 진실이다. 또 파나마의 노리에가 역시 전직 CIA 요원이었다. 이런 경우들에서 공통적인 것은 미국의 싸움이 그 자체의 과잉과의 싸움이라는 점이다. 한 걸음 더 나아가 지젝은 파시즘과의 전쟁도 마찬가지 아니냐고 덧붙인다. 자유주의 서방 국가들이 공산주의 국가(소련)와 힘을 합쳐서 그 자체의 과잉(파시즘)을 파괴해야 했던 것이 제2차세계대전이었다. 미국, 영국과 소련 사이의 반파시즘 동맹을 모델로 삼자면, 〈지옥의 묵시록〉의 보다 전복적인 버전은 윌라드가 베트콩에게 커츠를 제거해주도록 부탁하는 게 되었을 거라고 지젝은 말한다. 교훈은 무엇인가.

> 〈지옥의 묵시록〉의 궁극적 지평은 권력이 그 자체의 과잉을 초래하는 방식에 대한 통찰에 있다. 그리고 권력은 자신이 싸우는 대상을 모방해야 하는 작전을 통해 이 과잉을 제거해야 한다. 그리하여 우리는 권력이 결코 인정하지 않으면서 행하는, 비밀 작전이라는 영역에 들어선다.(『실재의 사막』, 43쪽)

영화 〈지옥의 묵시록〉의 지평 바깥에 있는 것, 그러니까 거기에 빠져 있는 것은 정치적 집단행동이란 전망인데, 이 정치적 행위란 체계의 악순환

나치 친위대의 모습.

을 '일으키는' 것이 아니라 '벗어나는' 것이다. 체계의 악순환이란 이미 예시된 대로 체계가 그 자체의 과잉으로서 커츠와 같은 '초자아적 과잉'을 만들어내고 또 그것을 제거해야만 하는 악순환을 가리킨다. 혁명적 폭력은 더이상 그러한 초자아적 외설성에 의존하지 않는다. 그렇게 '불가능한' 행위, '불가능해 보이는' 행위가 모든 진정한 혁명적 과정의 표지가 된다.

그러한 행위를 회피한다면 '실재에 대한 열정'은 진짜가 아니라 가짜다. 그리고 그 핵심은 권력의 더럽고 외설적인 이면과의 동일시다. 그 동일시는 영웅적 수임이라는 제스처를 취하는데, 그것은 "누군가 그 더러운 일을 해야만 한다면, 그렇게 하도록 놔두자!"가 아니라 "누군가 그 더러운 일을 해야만 한다면, 그래 하자!Somebody has to do the dirty work, so let's do it!"(『실재의 사막』, 47쪽)라는 태도다. 이것은 "그래, 내가 책임진다!"라고 말한다는 점에서, 결과에 대해서는 책임지지 않는 '아름다운 영혼'적 태도의 뒤집힌 거울상이다("우리 아름다운 세상을 만들어보아요"라는 말에서 나는 가끔 '아름다운 영혼'을 느낀다). 우리가 우파에게서 흔히 볼 수 있는 자세가 또한 그러한 '영웅적' 태도에 대한 찬양이다. '국가를 위해 목숨까지 바치는 것은 차라리 쉽다. 그보다 더 어려운 일은 국가를 위해 범죄까지 저지르는 것이다' 라는 논리가 그러한 찬양에는 깔려 있다.

지젝이 실제로 거론하고 있진 않지만 그의 사례 목록에는 1980년대 이란 콘트라 사건도 포함돼 있을 것이다. 레이건 행정부가 이란에 비밀리에 무기를 판 돈으로 니카라과 우익 반군 콘트라를 지원한 스캔들이다. 이 사건에 대한 의회 청문회에서 작전의 '악역'을 맡았던 올리버 노스 중령이 당당하게 국가를 위한 자신의 애국심과 신념을 밝혀서 '영웅'으로 부상하기도 했었다. 자신이 '범죄'를 저질렀다고 하지만 그것은 국가를 위한 것이었다는 변호였다. 레이건에게 노스가 있었다면, 히틀러에겐 힘러가 있었다. 이건 지젝이 직접 들고 있는 사례인데, 힘러는 1943년 10월 4일 포젠에서 SS 지휘자들에 대한 연설을 통해 유대인 대량학살이 "우리 역사의 영광스러운 한 페이지이자 결코 쓰여진 적도 결코 쓰여질 수도 없는 한 페이지"라고 노골적으로 말했다. 그는 이렇게 덧붙였다.

아돌프 히틀러(왼쪽)와 헤르만 괴링(오른쪽).

우리는 '여자와 어린아이들은 어떻게 할 것인가?'라는 문제에 부딪쳤
습니다. 나는 여기서도 전적으로 확실한 해결책을 찾아내리라고 결
심했습니다. 나는 남자들을 절멸시키는—즉 그들을 죽이거나 죽게
하는—일에 있어 나 자신이 정당화된다고 보지 않았고, 그 아이들이
복수심을 지니고 자라나 우리의 아들과 손자 대에 해를 끼치도록 용
인하는 것도 정당화할 수 없었습니다. 그래서 이 민족을 지구상에서
사라지게 해야 한다는 어려운 결단을 내려야 했습니다.[33]

바로 다음날 SS 지휘자들은 히틀러가 소집한 회의에 참석해야 했는데, 히
틀러는 전황을 설명하는 자리에서 '최종 해결책'을 공개적으로 언급할 필
요가 없었다. 이미 힘러가 '총대'를 맨 터라 그들 간에 공유된 음모를 넌지
시 암시하는 것으로 충분했다. "독일 국민 전체는 이것이 사활이 달린 문
제라는 걸 잘 알고 있다. 후방의 다리는 파괴되었다. 오직 전진만이 있을
뿐이다."

　　이러한 맥락의 연장선상에서 지젝은 실재에 대한 '반동적인' 열정과
'진보적인' 열정을 이론적으로는 대립시킬 수 있으리라고 본다. '반동적' 열
정이 법의 외설적 이면에 대한 보증·배서라면, '진보적' 열정은 ('정화에 대
한 열정'에 의해 부인된) 적대라는 실재와의 대면이다. 좌파와 우파 모두에
서 실재(계)는 적대를 도입하는 과잉적 요소를 파괴함으로써 접촉할 수 있
다고 가정한다. 여기서 지젝은 실재를 우리가 직접 대면할 수 없는 '끔찍한
괴물terrifying thing'로 보는 표준적인 비유를 포기해야 한다고 말한다. 궁극적
인 실재는 상상적인 베일이나 상징적인 베일에 감춰진 어떤 것이 아니다.
기만적인 외관 밑에 우리가 직접 쳐다보기엔 너무나 두려운 '궁극적 실재라
는 괴물ultimate real thing'이 존재한다는 생각 자체가 궁극적인 외관ultimate ap-

33　Ian Kershaw, *Hitler, 1936~1945: Nemesis*, Harmondsworth: Penguin, 2001, pp.
604~605 ;『실재의 사막』, 48쪽에서 재인용.

pearance이다. 이 실재라는 괴물은 그 존재를 통해서, 혹은 존재한다는 가정을 통해서 우리의 상징적 세계의 일관성을 보장해주는 한편, 그 구성적 비일관성(적대)과의 대면은 회피하게 해주는 환영적 유령(허깨비)일 뿐이다.

나치의 이데올로기를 예로 들자면, "실재로서의 유대인은 사회적 적대를 감추려고 불러낸 유령일 뿐이다. 다시 말해 유대인이라는 형상은 우리가 사회적 전체를 유기적 통일체로 인식하게 해준다."(『실재의 사막』, 49쪽) 사회적 적대를 유대인 형상에 투사함으로써, 즉 덮어씌움으로써 유대인을 배제한 사회적 전체의 통일성이 보증된다는 얘기다. 이것은 '여성-괴물woman-thing', 괴물 같은 여성 형상의 경우에도 마찬가지 기능을 갖는다. 남성이 붙잡을 수 없는 이런 형상은 성관계의 구성적 교착상태, 즉 구조적 불가능성과의 대면을 회피하도록 해주는 궁극적 환영(허깨비)이다. 그런 의미에서 소위 '팜므파탈femme fatale'은 남성적 곤경의 투사로 다시 이해되어야 한다.

순수한 사랑, 순수한 폭력

사랑이 폭력이라는 말이 발칸의 저속한 속담—"나를 때리지 않는 남자
는 나를 사랑하지 않는 남자다"—과 관련되는 것(만)은 아니다. 폭력은
이미 자체로 사랑의 선택인데, 그것은 폭력이 사랑의 대상을 맥락에서
떼어내어 대상thing의 자리에 올려놓기 때문이다.
/ 슬라보예 지젝『죽은 신을 위하여』[34] 중에서

『실재의 사막』의 2장으로 넘어가기 전에 '사랑의 폭력' 혹은 '폭력적 사랑'
에 관한 한 문단을 읽는다. 지젝의『죽은 신을 위하여』의 한 대목 읽기이다.
    인용된 발칸의 속담은 영어로 "If he doesn't beat me, he doesn't love
me!"이다. 요즘 공개적으로 이런 말을 했다가는 공인의 지위를 유지하기
어려울 테니 너무 진지하게 경청하진 마시길(속담은 속담일 뿐 오해하지
말자!). 이와 관련하여 얼른 떠오르는 영화는 발칸의 영화가 아니라 에스
파냐 영화다. 페드로 알모도바르의 도발적인 영화 〈욕망의 낮과 밤〉(1990)
이 그것인데, 이 영화의 원제목이 'Átame!'이고 영어 제목은 '나를 묶어줘!
나를 풀어줘!Tie Me Up! Tie Me Down!'이다. 그리고 물론 한국 영화로는 장선우
의 〈거짓말〉(1999)을 떠올려볼 수도 있겠다(한국 영화로서는 '사랑의 폭력'
혹은 '폭력적 사랑'을 다룬 드문 영화이지 않을까?).
    '폭력은 이미 자체로 사랑의 선택'이 아니라 '사랑의 선택 자체가 이
미 폭력'이라고 읽는 게 더 좋겠다는 말이다. 결국 '사랑=폭력'이라는 것이
니까 대차는 없는 것이지만 초점은 달라진다. '폭력이 곧 사랑'이라기보다
는 '사랑이 곧 폭력'이라는 게 여기서는 초점이니까.

---

34   슬라보예 지젝, 『죽은 신을 위하여』, 김정아 옮김, 길, 2007, 57쪽.

가령 2007년의 추석맞이 영화로 개봉됐던 곽경택 감독의 영화 〈사랑〉의 주인공 채인호의 경우를 보자. 『한겨레』 신윤동욱 기자의 리뷰를 잠시 따라가 보면 영화는 이런 구도다.

> 태초에 한 남자가 있었다. 소년 채인호(주진모)는 첫눈에 소녀 정미주(박시연)에게 반한다. 그리고 끝까지 이야기는 통속성의 공식을 벗어나지 않는다. 소녀는 예쁘고 소녀의 집은 부자다. 산동네 소년은 괜스레 소녀를 괴롭히는 또 다른 소년과 싸운다. 소녀는 소년을 생일에 초대하지만, 하필이면 소녀의 집은 그날 망한다. 그리고 첫 번째 이별. 고등학생 인호는 또 싸운다. 하필이면 싸우다가 인호를 병으로 찌르는 본드쟁이 복학생은 미주의 오빠다. 그렇게 남자는 인호와 미주의 끊어진 인연을 이어주는 다리가 된다. 우연의 우연, '지나친' 정공법이요 통속성의 기본이다. 미주의 본드쟁이 오빠는 노름쟁이 엄마를 껴안고 불살라버린다. 그리고 남겨진 자들의 사랑의 맹세. "니가 내 지키도. 나도 니 지키주께." 인호와 미주는 서로에게 사랑을 맹세한다.

여기서 순수한 사랑, 곧 순수한 폭력은 무엇인가? 그것은 모든 맥락(학교와 가족사)에서 정미주를 떼어내어 대문자 사물Thing, 곧 '숭고한 대상'(이건 '괴물'이기도 하다)으로 만드는 일이다. 그런 의미에서 보자면, 정미주를 바라보는 채인호의 시선은 건달 세계에서 채인호가 휘두르는 주먹보다 앞서는 근원적인 '폭력'이다. 영화 〈사랑〉은 그 맹목적인 사랑의 끝을 향해서 단순무식하게 돌진해나가는 '순정영화'다.

다시 지젝으로 돌아오면 이어지는 내용은 이렇다. "몬테네그로의 민담에서 악의 근원은 아름다운 여성이다. 아름다운 여성은 주위의 남자들이 균형을 잃게 만들고, 우주에 그야말로 불안정을 초래하며, 모든 것에 편파성의 색조를 입힌다."

여기서도 떠오르는 영화는 몬테네그로 영화가 아니라 이탈리아 영화

〈말레나Malena〉(2000)이다. '세기의 미녀'라는 모니카 벨루치 주연의 이 영화에서 여주인공 말레나는 마을에서 모든 남성의 시선을 끌어모으는, 그럼으로써 "주위의 남자들이 균형을 잃게 만들고, 우주에 그야말로 불안정을 초래하는" 여인이다. 영화의 줄거리는 이렇다.

> 제2차세계대전이 한창인, 햇빛 찬란한 지중해의 작은 마을. 이 마을의 매혹적인 여인 말레나가 걸어갈 때면 어린아이부터 어른까지 모두 그녀를 훑어 내리고 여자들은 시기하여 쑥덕거리기 시작한다. 레나토는 그녀를 연모하는 열세 살의 순수한 소년이다. 남편의 전사 소식과 함께 말레나는 욕망과 질투, 분노의 대상이 된다. 남자들은 아내를 두려워해 그녀에게 일자리를 주지 않고, 여자들은 질투에 눈이 멀어 그녀를 모함한다. 결국 사람들은 독일군에게까지 웃음을 팔아야 했던 말레나를 단죄하고, 그녀는 늦은 밤에 쫓기듯 어딘가로 떠나게 된다. 레나토만이 진실을 간직한 채 마지막 모습을 애처롭게 지켜볼 뿐이다. 그리고 1년 후, 전쟁의 상처가 아물어갈 때쯤 말레나가 다시 마을에 나타난다. 그녀의 곁엔 죽은 줄 알았던 남편이 불구가 되어 팔짱을 끼고 있다.

그러니까 이 영화에서도 근원적인 폭력은 말레나에 대한 마을 사람들의 폭력 이전에 말레나를 무자비하게 탈맥락화함으로써 '숭고한 대상'의 지위로까지 고양시키는, 소년 레나토의 순수한 연모의 시선에 자리한다. 이러한 폭력에 어떻게 대처해야 할 것인가.

> 이러한 테마는 1920년대 이래로 소비에트 교수법의 변치 않는 요소 중 하나였다. "섹슈얼리티는 본래부터 병리적인pathological 것으로서, 냉정하고 균형 잡힌 논리를 특수한 파토스로 오염시킨다. 성적 자극은 부르주아의 부패와 연결된 귀찮은 방해꾼이다"라고 소비에트는 인민들을 교육했다.[35]

영화 〈말레나〉의 한 장면.

다시 말해서 소비에트 사회는 섹슈얼리티에 가장 적대적인, 그래서 가장 금욕적이며 무성적인 사회였다. (라이히나 마르쿠제의 기대와는 달리 사회주의 유토피아가 성애적, 향락적일 수 있을지는 의문이다. 관대한 성 관념은 과연 진보적인가?) "실제로 1920년대에 소련에서는 성적 자극이 병리적 상태임을 심리-생리학적으로 증명하기 위한 수많은 '유물론적' 연구가 진행되었다. 사실 섹슈얼리티에 대한 위생지상주의적 관용에 비하면, 반페미니즘 성향의 소비에트의 연구 성과가 진리에 훨씬 가까운 것이다"라는 게 지젝의 평가다.

인용문에서 '성적 자극'은 'sexual arousal'의 번역인데, '성적 흥분'이 더 적합할 듯하다. '병리적 상태'에 해당하는 것은 '성적 자극'이라기보다는 '성적 흥분'이어야 하겠기 때문이다. 그걸 입증하기 위해 많은 소비에트 연구자들이 유물론적 연구를 시도했다는 것이고, 이러한 사실이 "위생적이기만 하면 아무 문제가 없다"라는 식의 성에 대한 관용적 태도보다 소비에트 사회의 진실에 더 가깝다는 얘기다. 자유로운 성, 프리섹스는 공산주의가 아닌 자본주의의 구호다.

---

35   슬라보예 지젝, 『죽은 신을 위하여』, 57쪽.

아무 일도 없었다는 거짓말

알다시피 미국의 대테러 군사작전의 암호명은 '무한한 정의infinite justice'였
다. 오직 신만이 무한한 정의를 행사할 수 있다는 이슬람 성직자들의 비난
으로 나중에 다른 것으로 바뀌었다고 하지만, 지젝은 이 작전명이 더없이
아이러니컬하다고 말한다. 어떤 의미에서인가?

곧이곧대로 받아들이면 '무한한 정의'란 말은 중의적이다. 즉 두 가지
의미를 갖는다. "한편으로 이는 미국이 테러리스트뿐만 아니라 그들에게
물질적, 정신적, 이데올로기적으로 지원했던 사람들까지도 모두 가차 없이
죽일 수 있는 권리를 갖고 있다는 뜻이다."(『실재의 사막』, 82쪽) 그런데 이
것은 헤겔적 의미의 '악 무한bad infinity'이다. 완수될 수 없고 종결될 수 없는
작전이기에 그렇다. 실제로 2002년 4월에 당시 부통령이었던 딕 체니는 테
러와의 전쟁이 결코 끝나지 않을 거라고 말했다. 최소한 우리가 살아가는
동안에는 말이다. 그리고 다른 한편으로 정의의 행사는 또 다른 의미에서
무한한 과정이다. 지젝이 인용하는 것은 2001년 9월 데리다가 테오도르 아
도르노 상을 수상하면서 한 연설이다. 데리다는 이렇게 말했다.

> 9.11 희생자들에게 저의 무조건적인 동정을 바치지만, 그렇다고 해서
> 이런 말을 안 할 수는 없습니다. 저는 이 범죄에서 정치적으로 무죄
> 인 이는 아무도 없다고 생각합니다.

여기서 중요한 것은 우리 자신을 이 사건에 연루시키고 우리가 맞닥뜨리
고 있는 상황(그림) 속에 포함시키는 것이다. 그것만이 유일하면서 진정한
'무한한 정의'이기에 그렇다. 같은 시기에 탈레반 지도자 물라 오마르는 미
국민을 향한 연설에서 이렇게 말했다.

여러분은 정부가 하는 말을 진실이든 거짓이든 모두 받아들입니다.
……여러분 스스로 생각할 수는 없습니까? ……여러분 스스로의 분
별력과 지성을 사용하는 게 훨씬 나을 텐데요.

지젝이 보기에 오마르의 말은 아프가니스탄인들 자신에게도 되돌려줘야
할 '냉소적 속임수'에 불과하지만, 그러한 문맥에서 떼어낸다면 매우 적절
하지 않느냐는 쪽이다. 그런 오마르의 충고가 곧 오마르의 교훈이다. 그것
은 자기 자신을 포함하여 사고하라는 정신분석적 교훈의 다른 말이기도
하다.

2003년 말 당시 미국의 국방장관 도널드 럼스펠드는 영국의 한 시
민단체인 PEC(바른 영어 쓰기 캠페인)로부터 '올해의 횡설수설상Foot in
Mouth'을 받았다. 수상의 빌미가 되었던 2003년 3월의 한 연설에서 그는 이
렇게 말했다.

There are known knowns. These are things we know that we know.
We also know there are known unknowns. That is to say, there are
things that we know that we don't know. But there are also unknown
unknowns. There are things we don't know we don't know.

'횡설수설상'을 받을 만한 명연설(?)인데, 이 대목은 지젝도 자주 인용하
곤 한다. 지젝의 분석에 따르면, 럼스펠드는 여기서 일종의 지식의 유형학
을 제시하고 있다. 즉 우리에겐 (1) known knowns(이미 알고 있는 걸 아
는 것), (2) known unknowns(아직 모르고 있는 걸 아는 것), (3) unknown
unknowns(아직 모르고 있는 걸 모르는 것)이라는 세 가지 종류의 지식이
다. 그런데 이 분류에서 논리적으로 가능하지만 최강국의 국방장관이 (무)
의식적으로 억압·배제하고 있는 마지막 한 종류의 앎이 있다. 바로 (4)
unknown knowns(이미 알고 있는 걸 모르는 것)이다.

지젝은 이 네 번째 앎이 "자기 자신에 대해서 알지 못하는 지식knowledge which doesn't know itself"으로서 프로이트적인 무의식이라고 말한다. 즉 그것은 우리가 이미 알고 있다는 사실을 알지 못하는 부인된 믿음과 가정들이다. 테러와의 전쟁을 선포한 부시 행정부와 미국민들에게 간과된 이 '타자적 앎'으로서의 '무의식'은 최강국의 이성, 혹은 초자아가 놓치고 있는 어떤 앎이자 실재의 중핵이다. 그리고 『실재의 사막』은 이러한 중핵을 건드리고자 하는 책이다. 미리 앞당겨 얘기하자면, 지젝은 이데올로기의 허위적인 종언 이후의 '그저 그런 삶mere life'을 '진정한 삶real life'과 대비시킨다. '그저 그런 삶'은 자신의 삶에 아무 일도 일어나지 않기를 소망하는 삶이며, 자신의 기득권이 아무 탈 없이 그대로 자자손손 보존되기를 매주 기도하는 삶이다. 그것의 정치적 버전이 자유민주주의다. 지젝이 보기에 자유민주주의의 최대 관심사는 아무 일도 일어나지 않는 것이며, 무슨 일이 일어나더라도 곧 아무 일도 없었던 것처럼 무마하는 일이다. 그래서 아예 "자유민주주의는 무사건의 당이다Liberal democracy is the party of non-event."

미국의 대테러 전쟁도 마찬가지다. 이미 20년간의 전쟁을 통해서 폐허가 된 아프가니스탄의 황무지를 다시금 최강국의 전투기들이 동원되어 폭격한다는 것은 어떤 의미였던가? 애초에 아무도 관심을 두지 않고 파괴할 만한 것이 아무것도 없다는 점이 아프가니스탄을 국가적 분노를 표출할 수 있는 공격 목표로 설정하는 데 고려됐음 직하다. 지젝은 자신의 잃어버린 열쇠를 가로등 밑에서 찾고 있는 한 광인의 일화를 떠올리지 않을 수 없다고 말한다. 알다시피 그 사내는 어두운 골목에서 열쇠를 잃어버렸지만, 환한 불빛 아래서 찾는 것이 더 쉽다는 생각에 가로등 아래를 두리번거렸다. "미국의 폭력 이전에도 카불 시내 전체가 이미 9월 11일 이후의 맨해튼 중심가와 비슷하게 보였다는 것은 결정적인 아이러니가 아닐까?"라고 지젝은 덧붙인다. 결국 테러와의 전쟁의 요점은 무엇인가?

따라서 '테러와의 전쟁'은 하나의 행동으로서 기능하며, 이 행동의 진정한 목적은 우리를 속여 정말로 변한 것은 아무것도 없다는 거짓 확신을 심어주려는 데 있다.

즉 9.11이라는 외상적 사건 혹은 충격 이후에도 변한 것은 아무것도 없다
는 사실을 강조하고 주입하기 위한 '행동화'가 테러와의 전쟁이었던 것이
다. 그러한 행동화에서 간과되는 것은 9.11이 갖는 진정한 충격이다. 이 충
격은 오늘날 디지털화된 제1세계와 제3세계라는 '실재의 사막'을 갈라놓
는 경계를 배경으로 삼을 때만 설명될 수 있다. 그것이 지젝의 전제다. 우
리가 뭔가 인위적으로 단절된 세계에 살고 있다는 인식은 어떤 불길한 행
위자가 우리를 항상 위협하고 있다는 관념을 불러일으킨다. 이러한 편집
증적 전망에서 테러와 테러리스트들은 '추상화'된다. 즉 구체적인 사회적·
이데올로기적 네트워크에서 분리된다. 그리고 사회 환경을 환기시키는 모
든 설명은 은밀하게 테러를 정당화하려는 것으로 기각된다. 그러는 가운
데 등장하는 것이 자유주의적 관용의 태도다.

> 9.11 사태 이후 미디어는 코란의 영어 번역본은 물론 전반적인 이슬
> 람과 아랍 문화를 다룬 책들이 즉각 베스트셀러가 되었다고 보도했
> 다. 사람들은 이슬람이 무엇인지 이해하고자 했으며, 이슬람을 이해
> 하고자 하는 사람들 대다수는 반아랍 인종주의자가 아니라 이슬람
> 에 기회를 주고, 그것을 느껴보고, 그것을 내부로부터 경험해보고,
> 그리하여 이슬람의 명예를 회복시켜주려는 이들이라 추정해도 무방
> 하다.(『실재의 사막』, 54쪽)

얼핏 긍정적인 변화로도 간주될 수 있는 이러한 태도·추세의 함정은 무엇
인가. 문제는 그러한 태도가 여전히 이데올로기적 신비화에 머물고 있다는
점이다. 그리고 바로 그렇기 때문에 9.11 공격을 낳은 정치적 정세와 역학
을 포착하는 데 실패한다. 지젝의 이어지는 설명은 이러한 실패를 교정하
려는 시도로 읽을 수 있다.

구멍 뚫린 깃발

9.11테러 9주년을 맞은 2010년 11일 미국 뉴욕의 테러 현장에서는 그라운드제로 인근에 들어설 이슬람 사원을 둘러싼 찬반 시위가 곳곳에서 벌어졌다. 9.11 직후에 코란과 이슬람 관련서가 베스트셀러가 된 것과는 약간 대조된다. 자유주의적 관용의 태도도 그만큼 줄어든 것인가. 종교 간 갈등이 가열되자 버락 오바마 대통령은 "우리는 하나의 국가이자 하나의 국민"이라며 단합을 촉구하고, 9.11테러가 이슬람이 아닌 테러 집단의 소행이라고 강조했다. 하지만 지젝은 그런 '생색내기'적 태도가 종교적 불관용보다 더 나은 태도라고도 보지 않는다. 조금 거슬러 올라가면 9.11 이후 서방 매체에서는 '아이러니 시대의 종말'이란 말이 자주 등장했다고 한다. 포스트모던적 해체의 언어 유희 시대는 끝났으며, 우리에게는 확고하고 명확한 책임감이 필요하다는 것이었다. 우파 논객인 조지 윌은 미국의 '역사로부터의 휴가'가 끝났다고도 선언했다. 어떤 변화를 가져온 것인가? "현실의 충격은 자유주의적이고 관용적인 태도와 텍스트성 중심의 문화연구라는 고립된 탑을 무너뜨렸다."(『실재의 사막』, 55쪽)

텍스트주의 혹은 텍스트중심주의에 대한 비판은 "포스트모던적 해체의 언어 유희"(『실재의 사막』, 55쪽)라는 표현에 이미 실려 있는데, 지젝이 주로 겨냥하는 것은 데리다의 해체론, 혹은 그 아류이다. 흔히 영어권에서는 데리다와 라캉 모두 포스트모더니즘 사상의 '원흉'으로 자주 지목되는데, 지젝은 둘의 입장을 분명하게 구별한다. 2003년 방한 시에 가진 한 대담에서 지젝은 이렇게 말했다.

적어도 앵글로색슨적 관점에서 라캉은 "의미가 해체되어야 한다, 주체는 무의식적 메커니즘에 의해 지배된다, 등등……"을 입증했다고 간주되고 있는데, 저는 그렇게 보지 않습니다. 저는 데리다적인 해체의 영역과 라캉적인 정신분석의 영역이 총체적으로 양립 불가능하다고 생각하며, 이에 대해 점점 더 커다란 확신을 가지게 되었습니다. 이때 두 사람이 '총체적으로 양립 불가능하다'는 것은 둘 중 누구 하

나가 더 옳다는 게 아니라 그 둘 사이의 직접적 대화는 전혀 불가능
하다는 의미에서입니다.[36]

요컨대 지젝이 보기에 데리다와 라캉의 대화 혹은 만남은 불가능하다. 이
불가능은 위상학적 불가능이다. 하이데거 철학 전공자로서 지젝은 젊은
시절 데리다의 『그라마톨로지』의 일부를 슬로베니아어로 옮기기도 했지
만, 그의 입장은 데리다와는 비판적인 거리를 두며 말 그대로 '라캉주의' 계
보에 속한다. 그것도 조금 더 좁혀 말하면 '라캉주의 좌파'에 해당한다.
    라캉주의 좌파란 무엇인가? 잠시 에둘러 가본다. 이름만 놓고 보자
면, 프로이트 좌파가 그런 것처럼 라캉과 마르크스의 이론적 접합을 떠올
릴 수 있다. 이것은 물론 혁명적 정치에 회의적이었던 프로이트나 라캉의
이론을 고스란히 계승한 것이라기보다는 그것을 새롭게 전유한 입장에 가
깝다. 프로이트와 라캉 정신분석학의 잠재적 전복성을 헤겔-마르크스적
사유를 통해 선구적으로 전유한 것은 지젝과 슬로베니아 라캉학파였다.
영어권 데뷔작 『이데올로기의 숭고한 대상』(1989)에서 지젝이 목표한 것은
이데올로기 이론에 기여하고 싶다는 바람 외에 라캉 정신분석의 기본 개념
에 대한 개설을 제공하는 것과 '헤겔로의 회귀'였다. 중요한 것은 이 세 가
지가 서로 연계돼 있다는 점이다. 그는 '헤겔을 구출하기' 위한 유일한 방
안이 라캉을 경유하는 것이라고 믿으며, 이러한 라캉적 독법과 헤겔의 유
산이 이데올로기에 대한 새로운 접근을 가능하게 해줄 것이라고 판단한
다. 그렇게 하여 지젝은 라캉주의 좌파의 핵심 인물이 된다.
    하지만 '라캉주의 좌파'란 말을 만들어낸 스타브라카키스에 따르면,
급진민주주의의 이론가 라클라우와 무페 또한 라캉 정신분석학을 중요한
이론적 모태로 삼고 있으면서 지젝과는 '건강한 거리'를 유지하고 있다. 그
리고 이들 주변에 카스토리아디스와 버틀러 같은 인물들도 포진시킬 수

---

36   슬라보예 지젝 · 김상환, 「철학과 정신분석의 만남」, 『철학과현실』, 2003년 가을호.

루마니아 치우셰스쿠 독재 정권에 반대하는 반란자들의 깃발.

있다. 라캉주의 좌파는 지젝을 핵심으로 하여 일종의 이론적 동심원을 그리고 있는 것이다. 물론 정치적 입장은 조금 달라서 라클라우와 무페가 '개혁가reformist' 타입이라면 지젝은 '혁명가revolutionary' 타입이다.

문제는 지젝 자신의 이론적 · 정치적 입장이 변화해왔다는 점이다. "민주주의는 모든 가능한 체제들 중에서 최악의 것이다. 그러나 문제는 어떤 것도 그보다 낫진 않다는 것이다"라는 처칠의 주장을 반복하던 초기의 입장을 그가 철회하기 때문이다. 때문에『지젝과 정치』[37]의 저자들은 아예 급진민주주의자로서의 지젝(지젝1)과 전위적 혁명가로서의 지젝(지젝2)을 구분하기도 한다. 정리하자면 라캉주의 좌파의 이론적 지형은 '라클라우-무페와 지젝1' 대 '지젝2'의 대립 구도라고 말할 수 있다. 라캉주의 좌파 내의 '온건파'와 '강경파'라고 이름 붙일 수도 있겠다. 물론 이것은 공시적인 구도이며, 발생론적 차원에서 보자면 '지젝1 → 지젝2'의 순차성을 갖는다. 그렇다면 라캉주의 좌파의 최초의 입장은 무엇이었나?

지젝이『부정적인 것과 함께 머물기』의 서두에서 동구권 변혁기의 '가장 숭고한 이미지'로 제시하고,『라캉과 정치』의 결론에서 스타브라카키스가 다시금 환기시켜주는 것은 루마니아의 차우셰스쿠 정권을 무너뜨린 반란자들의 깃발 사진이다. 공산주의의 상징인 붉은 별이 잘려나가고 국기 중앙에 단지 구멍만 뚫려 있을 뿐인 국기다. 이 국기의 이미지는 이전의 주인 기표가 헤게모니를 상실했으나 아직 새로운 것으로 대체되지 않은 중간적 국면의 '열린' 특성에 대한 현저한 표지다. 지젝은 이 이미지를 실재라는 구멍을 둘러싸려는, 정치적 재현의 공간 안에서 정치적인 것을 보여주려는 정치적 시도의 가장 놀라우면서도 숭고한 표현으로 간주한다. 그리고 오늘날 비판적인 지식인의 책무는 새로운 질서가 안정화되고 이 새로운 질서가 대타자 안의 결핍을 비가시적인 것으로 만들려고 시도할

---

37   Matthew Sharpe · Geoff Boucher, *Žižek and Politics*, Edinburgh: Edinburgh
          University Press, 2010.

때 이 구멍의 자리를 점유하는 것이라고 말한다.

스타브라카키스의 부연 설명을 보태자면, "정치적인 실천이 관련되는 한, 우리의 윤리적인 책무는 단지 정치 현실 안에서 이러한 결핍의 제도화를 시도하는 것뿐이다. 이러한 책무는 진실로 그리고 급진적으로 민주주의적인 책무다"이다. 그 책무의 핵심은 모든 정치제도와 정치세력의 한계를 가시화하고, 모든 유토피아적 상징화와 그러한 상징화가 차지하려는 실재(구멍) 사이의 거리를 가리키는 것이다. 이것이 '급진적 민주주의'론의 요체다. 간단히 말하면 이 '구멍'을 끝까지 권력의 공백으로 보존하는 것이다. 동구권 사회주의 체제하에서 성장한 지젝 또한 일단은 이러한 입장에서 출발한다. 슬로베니아 라캉 학파의 일원으로 지젝을 영어권에 처음 소개하면서, 에르네스토 라클라우조차도 '포스트마르크시즘적 시대에 사회민주주의적 정치 프로젝트를 구축하는 문제'에 대해 '이론적'으로 관심이 있는 독자에게 필독서가 되리라고 지젝의 데뷔작이 갖는 의의를 한정했었다. 하지만 지젝은 이듬해 슬로베니아 대선에 출마했다가 낙선한 이후에 더 본격적으로, 그리고 전방위로 열정적인 '이론 투쟁'을 개시한다. 그 투쟁은 간단히 도식화하면 '민주주의에서 프롤레타리아 독재로', '순수정치에서 정치경제학으로'라는 이행의 궤적을 그린다. 이러한 이행의 중요한 계기는 레닌주의에 대한 그의 새로운 사유가 아닐까 싶은데, 이 경우 레닌은 "마르크스는 괜찮아. 하지만 레닌은 뭐야?"라고 할 때의 레닌이다.

『지젝이 만난 레닌』[38]에서 지젝은 한마디로 "레닌에게서 무엇을 배울 것인가?"라고 다시 따져 묻는다. 그의 기본 문제의식은 무엇이었나? "우리가 양보할 수 없고 양보해서도 안 되는 '레닌주의적' 입장은 다음과 같은 것이다. 오늘날 실질적인 사상의 자유는 현재 지배적인 지위에 있는 자유민주주의적이고 '탈이데올로기적인' 합의에 의문을 제기할 자유를 의미하며, 그것이 아니라면 아무런 의미도 없다"는 것이다. 민주주의는 기본적으로 다원적 경합을 허용하며 그것에 의해서 유지되는 체제지만, 지젝이 말하는 레닌주의적 제스처는 어떤 근본주의적 태도를 가리킨다. 오늘날 재발명되어야 할 레닌의 유산은 '진리의 정치'라고 그는 주장하며, 근본적 좌파의 목표는 '원칙 없는 관용적 다원주의'와는 정반대라고 선을 긋는다. 이러한 입장은 '좌익 소아병'에 대한 레닌의 비판을 상기시키는데, 그가 보기에 정치적 극단주의 혹은 과잉 근본주의는 항상 이데올로기적-정치적 전치 현상이다.

우리에게 필요한 것은 무엇인가? "국가 권력을 장악하기 위해 투쟁하거나 국가로부터 거리를 두는 저항을 위해 후퇴한다"라는 식의 양자택일은 거짓된 것이라는 인식이다. 지젝이 보기에 양자는 동일한 가정을 공유한다. 즉 국가 형태는 거기에 그대로 있기 때문에, 우리가 할 수 있는 것은 그것을 장악하거나 그로부터 거리를 취하는 것뿐이라는 가정이다. 하지만 지젝은 『국가와 혁명』에서 레닌이 주장한 교훈을 상기시켜준다. 혁명적 폭력의 목표는 국가 권력을 장악하는 데 있지 않고 국가 권력을 변형시키고 그 기능 방식과 토대의 관계 등을 근본적으로 바꾸는 데 있다는 교훈이다. 그가 말하는 '프롤레타리아 독재'의 핵심이 거기에 있다. 지젝은 "프롤레타리아 독재란 민주주의의 철폐가 아니라 민주주의를 사용하는 방식이다"라고 한 로자 룩셈부르크의 말을 인용하면서, 여기서 강조되어야 할 핵심은 민주주의라는 텅 빈 형식적·절차적 틀 자체에 '계급적 편향'이 기입되어 있다는 점이라고 말한다. 이것이 급진적 민주주의에서 변화된 지젝의 입장이다.

38   슬라보예 지젝. 블라디미르 일리치 레닌, 『지젝이 만난 레닌』, 교양인, 2008.

대중적 퍼포먼스
러시아 10월 혁명

앞에서 지젝과 라캉주의 좌파적 입장에 대해 간단히 정리했는데, 러시아 '10월 혁명'에 대한 지젝의 생각을 잠시 간추린다.

저명한 러시아 사학자 리처드 파이프스에 따르면, 러시아혁명 시 고위직에 있었던 몰로토프는 다른 어떤 볼셰비키보다도 더 오랫동안 레닌과 스탈린 두 사람을 섬겼다. 노년에 두 사람 가운데 누가 더 '엄격했느냐'는 질문에 그는 망설이지 않고 대답했다. "물론 레닌이지. 레닌이 스탈린에게 너무 부드럽고 진보적이라고 꾸짖던 일이 생각나네."

이러한 일화에서 파이프스는 스탈린주의가 레닌주의의 거부를 뜻한다는 신화는 거부되어야 한다는 결론을 끌어낸다. 즉 스탈린주의가 광기였다면, 그것은 레닌주의의 충실한 계승이라는 것이다. 하지만 이 역사학자가 놓친 것을 지젝은 바로잡는다. 그것은 '충실한' 계승이 아니라 '현실 타협적인' 계승이었다는 것이다. 그런 의미에서 스탈린주의는 '인간의 얼굴을 한 사회주의'였다. 지나치게 부드러웠던 체제였다고 할 수 있을까. '현실 사회주의'란 말은 달리 '현실과 타협한 사회주의'로 이해될 필요가 있다. 어떤 타협이었나?

지젝이 자주 드는 사례인데, 1953년 동독의 노동자 봉기 때 브레히트는 「해결」(1956)이란 짧은 시를 통해서 "정부는 인민을 해산하고 다른 인민을 선출하는 것이 더 쉽지 않을까?"라고 말했다. 브레히트로서는 이런 발언을 통해 체제에 대한 그의 지지를 공언하면서 동시에 노동자 인민에 대한 그의 연대를 은근히 암시하는 '기회주의적' 메시지를 전달하고자 했다. 브레히트식 양다리 걸치기다. 하지만 동시에 그는 문제의 핵심을 건드렸다. 지젝이 보기에 실제로 "인민을 해산하고 새로운 인민을 선출하는 것"이야말로 혁명정당의 의무이기 때문이다. 즉 낡은 기회주의적 인민, 곧

'타성적 군중'을 역사적 사명을 자각한 '혁명적 몸체'로 변화시키는 것이야
말로 혁명정당의 유일한 의무이다. 다만 이것은 브레히트의 판단과는 달
리 가장 어려운 과제다. 그것은 마치 빵과 포도주를 그리스도의 육신과 피
로 변화시키는 것만큼이나 기적적인 일이다.

그렇다면 스탈린주의의 과오는 무엇이었나? 그러한 사명으로부터의
후퇴라고 말할 수 있다. 전체 인민을 혁명적 몸체로 변화시키는 일 대신에
스탈린 체제는 일정한 비율의 '반동분자'를 색출하여 수용소에 감금하는
방식으로 자신의 무능력을 감추고자 했다. 공포정치를 통한 거대한 수용
소 국가 체제의 건설이란 다른 한편으론 자신의 '불능'을 은폐하기 위한 '완
력'의 행사나 다름없었던 것이다. 사회주의 리얼리즘 문학과 예술 또한 이
러한 완력의 도구로 활용되었다. 그것이 20세기 '정치적 예술'의 대표적 몰
락의 사례로 지목되는 것이다. 그리고 이러한 역사적 오류에 근거하여 전
체주의에 대한 비판적 태도를 견지하는 급진적 민주주의자들은 '대타자'나
'대의'를 상정한 모든 형태의 혁명적 정치에 회의적이다. 지젝의 '레닌주의'
나 '프롤레타리아 독재' 옹호론에 대해서도 미심쩍어한다.

하지만 지젝(혹은 지젝2)의 입장은 다르다. 대중적 퍼포먼스, 혹은 집
체 공연을 예로 들자면 거기에 어떤 '원형적 파시즘'이 내재해 있는 것이 아
니다. 그것을 파시즘적으로 만드는 것은 그러한 명명 자체이며, 특수한 접
합 효과일 따름이다. "자발성과 과도한 자유 속에서 탐닉하는 '방임적' 태
도는 그것을 제공할 수단을 가지고 있는 자들의 것이다. 아무것도 가지고
있지 않은 자들은 단지 그들의 기율만을 가지고 있다." 자기 몸의 기율적
단련이야말로 부르주아 중산층의 조깅이나 보디빌딩과 달리 진정한 의미
에서 노동자 계급의 이데올로기이다.

랑시에르의 『감성의 분할』에 부친 발문에서 지젝이 들고 있는 사례
를 보자. 때는 1920년 11월 7일, 혁명 3주년이 되는 날이었다(러시아혁명은
구력 10월 25일에 일어났으며, 신력으로 환산한 날짜가 11월 7일이다). 이
날 페트로그라드(지금의 상트페테르부르크)에서 3년 전의 사건을 그대로
재연하는 〈겨울궁전 습격〉이 공연되었다. 수만 명의 노동자와 군인, 학생,

그리고 예술가들이 허름한 죽과 차, 얼린 사과를 먹으면서 밤낮으로 준비한 공연이었다. 공연의 연출은 말레비치나 메이에르홀드 같은 당대 최고의 아방가르드 예술가들뿐만 아니라 군 장교들을 통해서도 이루어졌다. 대다수 군인들은 실제로 1917년 사건에 참여한 경력이 있었으며 페트로그라드 부근에서 극심한 식량난 속에 벌어지던 내전에 참전 중이기도 했다. 한 동시대인은 이 공연에 대해 이렇게 말했다. "미래의 역사가는 가장 잔혹하고 난폭한 혁명 내내 러시아 전체가 어떻게 연기했는가를 기록할 것이다." 형식주의 이론가였던 시클롭스키는 "삶이라는 살아 있는 조직체가 연극적인 것으로 변모되는 어떤 기초적인 과정이 진행되고 있다"라고 적었다. 이것이야말로 낭만적 예술지상주의와 무관하면서도 삶이 예술을 모방한 전형적인 사례라고 할 수 있을 것이다.

이러한 대중적 집단성과 기율은 단지 흘러간 과거의 일일까? 지젝이 보기엔 그렇지 않다. 피어싱부터 복장 도착, 공개적 스펙터클에 이르기까지 포스트모던적 '저항의 정치'야말로 정치적인 것과 심미적인 것이 결합된 사례이기 때문이다. 가장 간단하게는 피어싱이나 옷 바꿔 입기부터 플래시 몹 같은 공개적 스펙터클에 이르기까지 다양하다. 일례로 2006년 5월 벨라루스의 루카셴코 대통령이 3선에 성공한 직후, 한 네티즌이 이에 항의하는 표시로 수도 민스크의 광장에 나와 그냥 아이스크림이나 먹자는 플래시 몹 제안을 인터넷에 올렸다. 벨라루스 경찰은 이에 과민반응하여 아이스크림을 먹는 시민 몇 사람을 잡아갔다. 하지만 단지 아이스크림을 먹었다는 이유로 잡혀가는 시민들의 사진을 네티즌들이 인터넷에 올리면서 일은 더욱 커졌다. 더욱더 많은 시민이 참여하여 다양한 형태의 플래시 몹을 선보이기 시작한 것이다. 저항이 어떻게 지속될 수 있는지를 보여주는 사례다.

지젝이 인용하는 호피족의 옛 속담이 여기서 교훈을 준다. "우리가 기다리던 사람들은 바로 우리다." 이것은 우리 자신을 역사적 필연에 의해 예정된 행위자로 발견한다거나 고양시켜야 한다는 의미가 아니다. 그와는 정반대로 우리가 의존해야 할 대타자는 없다는 것을 뜻한다. '역사가 우리 편에 있다'고 믿는 것은 기만이다. 그런 의미에서 프롤레타리아 독재를 요청하는 지젝의 입장은 대타자를 부정하는 급진적 민주주의와 화해 불가능한 것만은 아니다. 대타자의 결핍을 가시화하고 제도화하려는 급진적 민주주의와 달리 지젝의 프롤레타리아 독재는 이 '구멍'을 '우리'가 채워야 한다고 말한다. 이러한 결정을 그는 '순수한 주의주의pure voluntarism'라고 말한다.

> 우리의 역사적 발전의 내적 추동력은 그대로 놓아두면 우리를 파국으로, 세계의 종말로 이끈다. 그러한 재앙을 막을 수 있는 유일한 것은 순수한 주의주의主意主義, 다시 말해 역사적 필연을 거슬러 행동하려는 우리의 자유로운 결정이다.[39]

그러한 결정과 행동을 위해서라면, 저 흐르는 강물을 거꾸로 거슬러 오르는 연어들의 도무지 알 수 없는 신비한 이유와 함께 단단히 단련된 체력과 강인한 정신의 근육도 필요하겠다. 이상이 호피족의 교훈을 되새겨본 짧은 간주곡이고, 우리는 다시금 물라 오마르의 교훈으로 넘어가도록 한다.

---

39   슬라보예 지젝, 『처음에는 비극으로 다음에는 희극으로』, 303쪽.

5장

강요된 선택을 넘어서

문명 내부의 충돌

9.11이 제1세계와 제3세계의 경계를 배경으로 해서 설명될 수 있다고 했는데, 이 두 세계, 곧 서양의 소비주의적 생활방식과 무슬림 급진주의 사이의 이데올로기적 대립에 관해 두 가지 직접적인 철학적 참조점이 있다. 바로 헤겔과 니체다. 니체식으로 말하면 이것은 '수동적' 니힐리즘과 '능동적' 니힐리즘의 대립이다.

> 서구에 사는 우리는 어리석은 일상의 쾌락에 빠져 있는 니체의 '말인 Last Men, 末人'인 반면, 무슬림 급진주의자들은 스스로 자기파괴에 이를 정도로 투쟁에 깊이 사로잡혀 기꺼이 모든 것을 무릅쓸 준비가 되어 있다.(『실재의 사막』, 62쪽)

그리고 헤겔식으로 말하면 주인과 하인 사이의 투쟁이다. 보통 '주인과 노예의 변증법'이라고 불리는 것이다. 서양인이 주인이고 무슬림이 하인인가? 아니다, 거꾸로다.

> 서구에 사는 우리가 착취하는 주인처럼 인식될지 몰라도, 사실 하인의 위치를 차지하는 것은 바로 우리이다. 하인은 삶과 쾌락에 집착하기 때문에 자신의 목숨을 내걸 수가 없지만(콜린 파월이 내건 사상자 없는 하이테크 전쟁이라는 개념을 생각해보라), 가난한 무슬림 급진주의자들은 목숨을 기꺼이 바칠 태세인 주인들이다……(『실재의 사막』, 62~63쪽)

주인과 노예의 투쟁은 생사를 건 투쟁인데, 아군의 사상자가 전혀 없는 하이테크 전쟁에 대한 콜린 파월의 옹호에서 '생사를 건다'는 말은 더 이상 유효하지 않다. 때문에 '노예'이고 '하인'이라는 것이다.

한편 '문명의 충돌'이란 개념은 거부되어야만 한다고 지젝은 말한다. 우리가 목도하고 있는 건 각 '문명 내의 충돌'이지 문명 사이의 충돌이 아니기 때문이다. 이슬람과 기독교의 역사를 비교해보더라도 더 관용적인 것은 이슬람이었다. 서구에서 고대 그리스의 문화적 유산에 다시 접근할 수 있는 통로가 중세의 아랍인들에 의해 마련됐다는 사실도 특기할 만한 것이다. 비록 오늘날의 테러행위에 대한 책임이 면제되지는 않지만, 이슬람 자체에 그러한 폭력성이 새겨져 있는 것은 결코 아니다. 그것은 근대의 사회정치적 상황의 결과일 뿐이다.

그렇다면 문명의 충돌이란 무엇인가. 현실생활에서의 모든 '충돌'은 지구적 자본주의와 연계돼 있다. 무슬림 '근본주의'의 표적은 사회적 삶을 침식해가는 지구적 자본주의뿐만 아니라 사우디아라비아와 쿠웨이트 등의 부패한 '전통주의' 체제이기도 하다. 르완다와 콩고, 시에라리온의 끔찍한 학살도 동일한 '문명' 내에서 벌어진 일일뿐더러 지구적 차원에서 경제적 이해관계와 밀접하게 연관돼 있다. 보스니아와 코소보, 그리고 남부 수단에서처럼 '문명의 충돌'에 잘 부합하는 사례들에서도 다른 이해관계를 식별하는 건 어렵지 않다. '경제적 환원주의'가 너무도 잘 들어맞는 경우이다. 때문에 이슬람 근본주의의 불관용이나 기타 '문명의 충돌' 같은 화제를 끊임없이 분석하는 대신에 이러한 갈등의 배경이 되는 경제적 이해관계의 충돌에 더 관심을 두어야 한다.

그럴 때 주목의 대상이 되는 것은 사우디아라비아나 쿠웨이트 같은 국가들이다. 이들은 '자유주의 대 근본주의'나 '맥월드 대 지하드'라는 이분법적 대립 구도를 벗어나는 제3항이다. 이들은 매우 보수적인 군주제 국가이지만, 동시에 미국의 경제적 동맹국이며 서양식 자본주의에 완전히 동화돼 있다. 여기서 미국의 이해관계는 간명하다. 석유 자원의 안정적인 확보를 위해선 이들 국가들의 비민주적 체제가 유지돼야 한다는 것이다. 이미 미국은 제2차세계대전 이후 1953년 민주적으로 선출된 이란의 혜다야트 모사데그 수상을 CIA가 조종한 쿠데타를 통해서 축출한 전력이 있다. '근본주의'도 '소련의 위협'도 없는 상태에서 단지 국가가 석유 자원을 통제하고 서방 석유 회사들의 독점을 끝내야 한다는 민주적 각성만이 일어난 상태였는데, 미국은 그런 상황을 용인하지 않았다. 어떤 교훈을 끌어낼 수 있는가?

> 진정으로 '근본주의적'인 보수적 아랍체제들이 이런 '도착적' 위치에 놓여 있다는 점은 미국 중동정책의 (종종 희극적인) 수수께끼를 풀 수 있는 열쇠이다. 이들은 미국이 자신들의 우선적 관심사가 민주주의보다는 경제에 있음을 어쩔 수 없이 명시적으로 인정해야만 하는 지점을 나타낸다.(『실재의 사막』, 65쪽)

사우디아라비아나 쿠웨이트의 '도착적' 위치는 미국의 관심사가 민주주의보다는 경제에 두어져 있음을 말해준다는 것이다. 즉 '민주주의와 인권'을 보호한다는 명목하에 이루어진 미국의 군사적 개입은 언제나 허울이었다. 적어도 경제적 이해관계에 비하면 부차적인 핑계에 지나지 않았다. 이런 사정은 아프가니스탄도 마찬가지였다. 초강대국들 간의 갈등에 휩싸이기 전 아프가니스탄은 가장 관용적인 무슬림 사회의 하나였고, 수도 카불은 활기찬 문화적·정치적 삶의 도시였다. 아프가니스탄에서 이슬람 근본주의와 탈레반의 득세는 순전히 파키스탄과 사우디아라비아, 그리고 미국 같은 외세의 개입이 낳은 결과이다.

'문명의 충돌' 전도사들의 주장과는 달리, 사실 미국 내에서 '근본주의'의 위협은 오히려 내부로부터 기인한 것이다. 오늘날 미국에는 200만 명 이상의 우익 포퓰리스트와 근본주의자들이 있으며, 이들은 기독교 교리에 의해 정당화되는 각종 테러를 자행한다. 그들은 9.11 사건을 "미국인들의 죄 많은 삶 때문에 신이 미국에 대한 보호를 거두어가는 징조"로 간주하며, 물질적 쾌락주의와 자유주의, 문란한 섹스가 넘쳐나는 미국 사회가 응분의 대가를 치른 것이라고 생각한다. '자유주의'에 대한 비난은 '무슬

림 대타자'가 아닌 '아메리카의 심장부'에서 터져 나오고 있는 것이다. 9.11
이후에 벌어진 탄저균 공격 소동도 무슬림 테러리스트가 아니라 미국 내
기독교 근본주의자들의 소행임을 미국 정부는 인정할 수밖에 없었다. 진
정한 충돌은 문명들 간의 충돌이 아니라 '문명 내부의 충돌'이라는 것을 한
번 더 확인시켜주는 사례다.

　　"9.11 이후에는 그 어떤 것도 예전과 똑같을 수 없다Nothing will ever be
the same after September 11"라는 문구가 여기저기서 울려 퍼졌지만, 정작 획기
적인 일은 아무것도 일어나지 않았다는 것이 지젝의 판단이다. 왜냐하면
미국은 이 사건을 기화로 미국의 이데올로기와 패권을 재단언하는 쪽으로
나갔기 때문이다. 즉 반세계화와 여타의 비판들에 맞서 그 기본적인 이데
올로기적 좌표를 거듭 단언했을 뿐이다.

> 9월 11일, 미국은 자신이 그 일부로 속해 있는 세계가 어떤 세계인
> 지 깨달을 수 있는 기회를 얻었다. 미국은 그 기회를 잡을 수 있었지
> 만 잡지 않았다. 대신 미국은 그 전통적인 이데올로기적 헌신을 재천
> 명하는 편을 택했다. 가난한 제3세계에 대한 책임과 죄의식에서 벗어
> 나, 이제 '우리가 피해자다!'라는.(『실재의 사막』, 70쪽)

가난한 제3세계에 대한 책임과 죄의식을 갖는 대신에 미국의 선택은 '이제
우리가 피해자다!'라는 자의식을 갖는 것이었다. 그리고 그런 새로운 자의
식으로 무장하고 어떠한 변화도 부인하기 위한 대테러 전쟁에 나섰다. 미
국이 앞세운 '무한한 정의'는 한갓 냉소적인 난센스가 되고 말았다.

대타자의 붕괴

9.11의 경험이 궁극적으로 미국의 이데올로기를 '기본으로 되돌아가게' 만
드는 데 불과했다면 결국은 아무 일도 일어나지 않은 것과 마찬가지일 것
이다. 하지만 정말로 아무 일도 없었던 것일까? 지젝은 1990년 동유럽 공

산주의 체제의 붕괴를 다시금 상기해보자고 제안한다.

> 정치체제의 붕괴, 예를 들어 1990년 동유럽 공산주의체제의 붕괴에
> 대해 생각해보라. 어느 순간 사람들은 갑자기 게임이 끝났음을, 공산
> 주의가 패배했음을 알게 되었다. 이런 변화는 순전히 상징적인 것이
> 다. '현실에서는' 아무것도 변하지 않았다. 그럼에도 그 순간부터 체
> 제의 최종적 붕괴는 단 며칠 만에 일어났다……. 9월 11일에도 이와
> 동일한 일이 일어났던 것은 아닐까?(『실재의 사막』, 70쪽)

그 어떤 것이란 '미국 권역'이라는 대타자 형상의 붕괴라고 지젝은 말한다.
이러한 지적에 이어서 지젝이 곧바로 떠올리는 것은 미국의 '파트너'였던
러시아(과거 소련)다. 말하자면 '소비에트 권역'이라고 부를 수 있을까. 때
는 1956년 2월 제20차 소련공산당 전당대회에서 벌어진 일이다. 이때 스
탈린의 사망(1953) 이후 당의 제1서기였던 흐루쇼프는 비밀 연설(비공개
연설)을 통해서 절대권력자였던 스탈린의 과오(!)를 비판한다. 흐루쇼프의
연설문을 옮긴 『개인숭배와 그 결과들에 대하여』[40]를 참고하면, 제17차 전
당대회에서 선출된 당 중앙위원회 위원과 후보위원 139명 중 98명, 즉 70
퍼센트가 (주로 1937~1938년에) 체포되어 총살당했으며, 표결권과 심의권
을 지닌 제7차 전당대회 대의원 1966명 중 절반이 훨씬 넘는 1108명이 반
혁명 범죄로 고발되어 체포되었다.

학자들마다 의견이 다르긴 하지만, 대략 스탈린 시대에 처형되거나
감옥에서 죽은 이들의 숫자는 2000만~2500만 명 정도로 추산된다. 체포
된 사람은 4000만 명에 이른다. 이것이 소위 '스탈린의 공포정치'이고 '스
탈린 체제'였다. 이 체제의 가장 큰 문제는 국가와 당의 기간요원들이 느꼈
던 신분의 불안정이었고, 이미 상당한 규모로 팽창한 관료계층은 신분 안
전과 업무의 자율성 보장을 기대했다. 그렇게 해서 스탈린 사후에 형성된
것이 안정적·특권적인 거대 관료 조직이다. 이것은 이후에 '노멘클라투라'
라는 이름을 얻게 된다. 그러니까 "스탈린 시대에서 포스트 스탈린 시대로

의 이행"은 (라캉의 용어를 사용하자면) "주인-담론에서 대학-담론으로의
이행"에 대응한다. "라캉의 관심은 현대 사회에서 헤게모니적 담론이 주인-
담론에서 대학-담론으로 이행한다는 것에 집중되어 있다."[41]

　　서구의 경우 그러한 이행이 표시되는 지점이 1968년 혁명이었다면,
소련의 경우에는 이보다 앞선 1956년 제20차 공산당 전당대회(2월 14일
~25일)에서 흐루쇼프가 행한 반스탈린 비밀 연설이었다. 요컨대 서구의
68혁명에 짝이 되는 것은 소련의 1956년 비밀 연설이다. 참고로 스탈린의
개인숭배로 인한 과오들을 적시한 가운데, 흐루쇼프의 연설 말미에서 제
시되고 있는 결론은 세 가지다.[42]

　　첫째, 개인숭배는 마르크스-레닌주의 정신과 무관하며, 당의 지도 원
칙과 당의 생활 규범에 부합하지 않는 것으로서 볼셰비키답게 비난하고
근절해야 하며, 그것을 부활시키려는 어떠한 시도에도 맞서 철저히 투쟁해
야 한다.

　　둘째, 위에서 아래까지 당의 모든 조직에서 레닌의 당 지도 원칙, 무
엇보다도 최고 원칙인 집단 지도 원칙의 매우 엄격한 준수, 당헌에 규정된
당 생활 규범의 준수, 비판과 자기비판의 강화 등과 관련하여 당 중앙위원
회는 최근 몇 년간 시행해온 사업을 일관성 있고 끈기 있게 지속해야 한다.

　　셋째, 소련 헌법에 표현된 사회주의적 소비에트 민주주의에 관한 레
닌의 원칙을 전부 다시 내세우며, 권력을 남용하는 자들의 전횡에 맞서 투
쟁을 전개해야 한다. 개인숭배의 부정적인 영향 때문에 오랜 기간에 걸쳐
계속되어온 혁명적 사회주의 준법성의 침해 행위를 반드시 끝까지 바로잡
아야 한다.

　　이러한 결론에 명시돼 있지만, 흐루쇼프가 다시금 강조한 것은 레닌

40　　니키타 세르게예비치 흐루쇼프, 『개인숭배와 그 결과들에 대하여』, 박상철 옮김, 책세상,
　　　　2006.

41　　슬라보예 지젝, 『이라크』, 171쪽.

42　　니키타 세르게예비치 흐루쇼프, 『개인숭배와 그 결과들에 대하여』, 111~112쪽.

주의로의 회귀다. 하지만 이 연설은 '레닌주의 만세!'로 봉합될 수 없는 시대적 단절을 낳았다. 흐루쇼프가 비밀 연설을 행하는 동안 12명 정도의 대표자들이 신경쇠약을 앓게 되어 밖으로 옮겨져 의사의 치료를 받았고, 폴란드 공산당의 총서기장은 며칠 뒤 심장발작으로 사망하기까지 했다는 에피소드는 그 충격이 어떤 것이었는지를 시사해준다. 지젝은 『이라크』에서 이 연설을 '본래적인 정치적 행위'의 사례로 들고 있기도 하다.

> 본래적인 정치적 행위는, 그것의 형식과 관련해서 민주적인 것과 동시에 비민주적인 것일 수 있다. ……다른 한편 대중적 의지의 본래적 행위는 폭력적 혁명이나 진보적 군부 독재 등의 형식에서 발생할 수도 있다. 바로 이런 의미에서 스탈린의 범죄를 비난하는 흐루쇼프의 1956년의 연설은 진정한 정치적 행위였다.[43]

이러한 언급은 『실재의 사막』에서 잠깐 언급된 내용을 보다 확장시킨 것이라고 할 수 있겠다. 『해빙』의 작가 일리야 예렌부르크(1891~1967)의 회고에 따르면 "2월 25일 비공개회의에서 흐루쇼프가 보고할 때 몇몇 대의원들은 실신했다. 그 보고문을 읽으면서 나는 충격을 받았다. 정말 이것을 복권된 사람이 친구들 사이에서 말한 것이 아니라, 중앙위원회 제1서기 흐루쇼프가 전당대회에서 말했단 말인가. 1956년 2월 25일은 나에게, 그리고 우리나라의 모든 사람들에게 위대한 날이 되었다." 물론 이 '연설'의 효과가 문학에 직접적으로 반영되는 것은 몇 년이 지난 후다. 수용소에서 돌아온 솔제니친의 『이반 데니소비치의 하루』가 발표된 것이 1962년이니까.

　『이라크』에서 지젝을 조금 더 따라가 본다. "이 대담한 조치의 기회주의적 동기들은 뻔한 것이지만, 여기엔 분명 단순한 계산 이상의 것이 있었으며, 전략적 추론에 의해 설명될 수 없는 일종의 무모한 과잉이 있었다. 이 연설 이후에 사태는 다시는 전과 같지 않았으며, 지도자의 무오류성이라는 근본적 도그마는 침식되었고 따라서 연설에 대한 반응으로서 노멘클라투라 전체가 잠시 마비 상태에 빠진 것도 놀랄 일이 아니었다."[44] 사실

이 연설을 계기로 흐루쇼프는 당권을 장악한다. 그러니 흐루쇼프가 1956
년 봄 『타임』지의 표지를 장식하게 된 것도 놀랄 일은 아니겠다(그는 1955
년 2월에도 표지를 장식했었다).

기본적으로 지젝의 이러한 지적에 동의할 수 있지만, 그가 사용한
'노멘클라투라'란 말에 대해서는 조금 유보하고 싶다. 스탈린의 최측근들
조차 그가 신임하는 동안만 생존할 수 있었던 시대에 (안정적인) '사회 계
급'으로서의 '노멘클라투라'라는 건 무의미하기 때문이다. 그러니까 소련
에 노멘클라투라가 사회 계급으로 부상하는 것은 흐루쇼프 이후에 들어
선 브레즈네프 시대에 와서다. 따라서 표면적으론 '소프트 스탈린' 시대처
럼 보이지만, 브레즈네프의 시대는 주인-담론의 시대(=스탈린 시대)가 아
니라 대학-담론, 혹은 관료-담론의 시대다. 라캉의 용어인 '대학-담론University-
sity Discourse'을 소련의 상황에 맞는 보다 적절한 용어로 바꾸자면, '관료-담
론Bureaucracy Discourse'이 되지 않을까 싶어서다. 실제로 자가용 운전을 즐겼
던 브레즈네프는 출근길에 곧잘 자신이 직접 관용차를 몰았다고 한다. 운
전기사는 조수석에 태우고…….

요컨대 제20차 당 대회에서 흐루쇼프의 비밀 연설이 끼친 파문이 대
단했다는 얘기다. 요점은 무엇인가?

여기서 요점은 그들이 '성실한 공산주의자'였다는 게 아니다. 그들은
대부분 소비에트 체제의 본성에 대한 어떤 주관적 착각도 없는 잔혹
한 조작자들이었다. 깨져버린 것은 그들이 무자비한 권력 욕구를 행
사할 수 있는 배경이었던 '객관적' 착각, '대타자'의 형상이었다. 그들
이 자신의 신념을 옮겨놓은 타자, 말하자면 그들을 대신해 믿었던 대
타자, 그들의 '믿을 것이라 가정된 주체'가 붕괴한 것이다. 그리고 9

43   슬라보예 지젝, 『이라크』, 116~117쪽.
44   슬라보예 지젝, 『이라크』, 117쪽.

월 11일의 여파에서도 이와 유사한 일이 벌어지진 않았는가? 2001년 9월 11일은 제20차 아메리칸드림 전당대회 아니었던가?(『실재의 사막』, 71쪽)

여기서 '전당대회'가 뜻하는 것은 제20차 소비에트의 전당대회가 의미했던 바대로, 아메리칸드림이라는 '대타자'의 붕괴이고 파국이다. 9.11에 관한 온갖 이데올로기적 주장과 담론들이 직시하지 못하고 있는 대목이다.

미국식 패권주의의 강화

9.11이 '제20차 아메리칸드림 전당대회'였다고 하면, 그것이 갖는 교훈이 무엇이어야 할까? 이 대목은 조금 자세히 읽기로 한다.

9월 11일은 이미 이데올로기적 대의를 위해 전유되고 있다. 온갖 매스미디어에 등장하는 반세계화는 이제 끝났다는 주장에서부터, 세계무역센터 공격의 충격으로 포스트모던 문화 연구에는 실질이 없다는 특성, 즉 '현실 생활'과의 접촉이 결여되어 있다는 특성이 드러났다는 생각에 이르기까지 말이다. 여기서 두 번째 생각은 틀린 이유에서긴 하지만 (부분적으로) 옳은 반면, 첫 번째 주장은 완전히 틀렸다.(『실재의 사막』, 71쪽)

지젝이 완전히 잘못됐다고 지적한 첫 번째 생각이란 건 "반세계화는 이제 한물갔다"는 주장이다. 그리고 '현실 생활real life'과 동떨어진 포스트모던 문화 연구에 대한 자성이 부분적으로나마 옳다고 지적한다. 일종의 아카데미 트렌드로서 전형적인 문화 연구의 문제는 무엇인가? '그것이 다루는 주제들이 얼마나 사소한가'라는 것이다. 가령 "수천 명의 고통스러운 죽음에 비하면, 인종차별적 저의가 담겨 있을지 모르는 정치적으로 올바르지 못한 표현이 뭐가 중요하단 말인가?"(『실재의 사막』, 71~72쪽) 여기서 비

교의 대상이 되고 있는 건 9.11에서와 같은 수천 명의 끔찍한 죽음과, 인종
차별적인 뉘앙스를 깔고 있는 '정치적으로 올바르지 못한' 표현들이다. 문
화 연구는 이 사안의 경중을 판단하는 데 무능력한 건 아닌가라는 비판이
제기될 수 있다.

> 이것이 바로 문화 연구의 딜레마이다. 문화 연구는 억압에 대한 투쟁
> 이 제1세계의 자본주의 세계 안에서 일어나는 투쟁이라는 점을 직접
> 인정하면서도 여전히 똑같은 주제들에 집착할 수 있을까? 다시 말해,
> 서구의 제1세계와 그에 대한 외부 위협 사이의 갈등이라는 보다 넓
> 은 맥락을 인지한 후에도 우리는 미국식 자유민주주의라는 기본 틀
> 에 대한 충실성을 재천명해야 하는가?(『실재의 사막』, 72쪽)

문화 연구의 지향이 '억압에 대한 투쟁'이라는 것까지는 좋지만, 그것이 고
작 제1세계 자본주의 '내부'에서 이루어지는 투쟁에 불과하다면, 9.11이 상
기시켜주는 바대로 정작 문제가 되는 제1세계와 제3세계 간의 적대에 대
해서는 아무런 할 말이 없지 않을까. 그런 사실을 인정한 이후에도 여전히
똑같은 주제들에 집착할 수 있을까? 그것은 어떤 함축을 갖는가?

서양의 제1세계와 그것을 위협하는 외부 사이의 갈등이라는 보다 넓
은 맥락을 우리가 인지한 이후에도 우리는 여전히 미국식 자유민주주의라
는 기본 틀에 대해 충실해야만 하는가라는 것이 의문의 골자다. 물론 대답
은 부정적이다.

다르게 말해본다면 이런 것이다. "아니면 문화연구가 지향하는 비판
적 입장을 한 걸음 더 과격화하여 이런 틀 자체를 문제 삼을 것인가?" 요컨
대 문화 연구가 본래 지향하는 비판적 태도 혹은 입장이 한 걸음 더 과격
화할 수 있을까라는 것. 즉 제1세계 내부의 억압을 문제 삼는 '사소한' 행태
에서 벗어나 문화 연구가 전 지구적 적대 관계로 관심을 확장해나갈 수 있
을까. 그런 의미에서도 9.11은 문화 연구에 대한 중대한 도전이다.

반세계화의 종말에 대해 말하자면, 9월 11일 이후 처음 며칠 동안 제기된 공격이 반세계화를 주장하는 테러리스트들의 소행일 수도 있다는 암시는 물론 조잡한 조작에 불과하다. 9월 11일에 일어났던 일을 정확히 인식하는 유일한 방법은, 이 사건을 전 세계 자본주의의 적대들이라는 문맥 속에 위치시키는 길뿐이다.(『실재의 사막』, 72쪽)

이어서 "반세계화는 한물갔다"는 주장, 곧 '반세계화의 종말'론에 대한 반박이 이어진다. 9.11 공격이 벌어지자 이것이 반세계화를 주장하는 테러리스트들의 소행이라는 암시dark hint가 제기됐지만 모두 조잡한 조작에 불과하다는 것. 문제는 9.11의 핵심을 정확하게 인식하는 것이고, 그것은 그 사건을 "세계 자본주의의 적대들이라는 문맥 속에 위치시키는 것"이다. 그리고 이러한 관점은 역사상 처음으로 본토에 대한 공격을 받은 미국인들로 하여금 새로운 양자택일에 직면하도록 한다. "미국인들은 그들의 '권역'을 더욱 강화하기로 결정할 것인가, 아니면 위험을 감수하고 그 권역 밖으로 걸어 나올 것인가?"(『실재의 사막』, 72쪽)

이 선택지를 조금 더 풀어보자. "미국인들은 그들의 '권역'을 더욱 강화하기로 결정할 것인가"라는 말은 어떤 의미인가? 그것은 "어째서 이런 일이 우리에게 일어나야 한단 말인가? 이런 일들이 '여기'에서는 일어날 수 없는 거야!"라는 부도덕한 태도를 반복하거나 강화하는 것이다. '여기'는 물론 '미국'이다. 다른 곳은 몰라도 미국에서만큼은 그런 일을 허용할 수 없다는 '미국 예외주의'가 이러한 태도를 떠받치고 있다. 이것은 곧 외부의 위협에 대한 공격을 더 강화하는 쪽으로 나가게 된다. 편집증적 행동화로 빠지는 것이다. 반면에 '그런 함정에서 벗어난다'는 것은 자신을 외부 세계로부터 분리시켜준 '환상적인 스크린'에서 빠져나와 '실재의 세계the real world'에 발을 들여놓게 되었다는 사실을 인정하는 것이다. 그 한 걸음은 이런 구호의 변화로 표현될 수 있다. "이런 일이 여기서는 일어나서는 안 돼!A thing like this shouldn't happen here!"에서 "이런 일이 그 어디에서도 일어나서는 안 돼!A thing like this shouldn't happen anywhere!"로. 이것이 9.11에서 얻을 수 있는 진정한 교훈이다.

> 이런 사건이 다시는 여기서 일어나지 않도록 할 수 있는 유일한 방법
> 은 이런 일이 다른 어떤 곳에서도 일어나지 않도록 막는 것뿐이라는
> 점 말이다. 한마디로 미국은 책임 있는 자들에 대한 처벌을 유쾌한
> 복수가 아니라 슬픈 의무로 이행하면서, 이 세계의 일부로서 자신의
> 취약성을 겸허히 받아들이는 법을 배워야 한다.(『실재의 사막』, 73쪽)

하지만 실제로 일어난 것은 정반대였다. 미국은 테러와의 전쟁을 선포하
면서 오히려 9.11을 초래한 미국식 패권주의를 더 강화하는 쪽으로 나간
것이다. 마치 미국에 대한 원한이 미국이 가진 힘의 '과잉' 때문이 아니라
그 '결여' 때문에 빚어지기라도 한 것처럼.

> 그러는 대신 미국은 전 세계의 경찰이라는 예외적인 역할을 강력
> 하게 재단언하고 있을 뿐이다. 마치 미국에 대한 원한이 미국이 지
> 닌 힘의 과잉 때문이 아니라 결여 때문에 빚어지기라도 했다는 듯
> 이.(『실재의 사막』, 73쪽)

무엇이 바람직한 태도일까? '미국의 결백'이라는 뻔뻔스러운 이데올로기적
입장과 미국은 '그렇게 당해도 싸다!'라는 편향적 태도 사이에서 어떤 해결
책이 가능한지 깊이 생각해볼 필요가 있다.

희생자들과의 연대

9.11 공격에 대하여 '미국은 억울하다!'와 '미국은 당해도 싸다!'라는 두 가
지 입장이 대립한다면, 해결책은 무엇인가? "여기서 가능한 유일한 해결책
은 바로 이런 대립을 거부하고서 두 가지 입장을 동시에 받아들이는 것이
다." 어떻게? '전체성totality'이라는 변증법적 범주에 기댐으로써. 이 두 입

장 각각은 선택의 대상이 될 수 없다. 일면적이고 틀렸기 때문이다. 우리가 여기서 마주치게 되는 것은 도덕적 추론의 한계다. 도덕적 관점에서 보자면 9.11의 희생자들은 무고하고 공격행위는 증오할 만한 범죄다. 하지만 그렇듯 무고하다는 것은 오늘날의 세계 자본주의 사회에서 가능하지 않은 위치다. 곧 허위적 추상화에 불과하다.

이데올로기적 해석상의 충돌도 마찬가지다. 한쪽에선 9.11 공격이 자유민주주의적 가치에 대한 공격이라고 주장하고, 다른 한쪽에선 세계 금융 자본주의의 중심과 상징에 대한 공격이라고 말한다. 이런 경우 테러리스트들도 잘못했지만 미국도 어느 정도 책임이 있다는 식으로 책임을 나눠 가져야 할까? 지젝이 보기에 그 두 입장은 서로 대립하지 않는다. 곧 우리는 테러리즘에 맞서야 할 필요성을 수용하면서 동시에 그 테러리즘이란 용어의 의미를 확장하여 미국과 서구의 패권적 행위 또한 테러리즘에 포함시켜야 한다.

우리는 부시와 빈 라덴 가운데 하나를 선택해야 하는 게 아니다. 그들은 둘 다 '우리'와 맞서는 '그들'이다. 전 세계적 자본주의가 전체성이라는 사실은 그것이 자신과 그 타자가 변증법적으로 종합된 통일체임을 의미하고 있다.(『실재의 사막』, 74~75쪽)

즉 부시와 빈 라덴이 표면상 대립적으로 보일지라도 세계자본주의의 전체성이란 관점에서 보자면 변증법적 통일체를 구성한다는 것이다. 따라서 9.11 이후에 등장한 두 가지 주된 내러티브는 모두 부정적이다. 하나는 미국식 애국주의 내러티브다. "무고하게 포위 공격을 당했으니 애국심을 되찾아 떨쳐나서자"라는 식. 하지만 반대로, "미국은 과거 수십 년 동안 남들에게 저질렀던 짓의 당연한 대가를 받고 있는 것"이라는 좌파적 내러티브가 과연 그보다 더 나은 것인지 지젝은 묻는다. 그런 관점에서 보자면, 미국뿐만 아니라 유럽 좌파들의 반응까지도 모두 수치스러운 것이었다고 그는 평한다. 세계무역센터의 쌍둥이 빌딩이 거세(파괴)를 기다리는 두 남근의 상징이었다는 페미니즘적 해석까지 동원되었고, 르완다, 콩고 등지에서 수백만 명이 학살당했던 것과 비교하면 9.11의 희생자 3000명 정도는 별로 대수로울 게 없다는 대응도 제기되었다. 그리고 어차피 탈레반과 빈 라덴을 키운 건 미국의 CIA이므로 자업자득이란 주장도 나왔고. 이런 대응은 어떤가. "그렇습니다. 세계무역센터 붕괴는 하나의 비극이지만 우리는 그 희생자들과 완전히 결속되지 않아야 하는데, 그 이유는 이것이 미국의 제국주의에 대한 지지를 의미할 수 있기 때문입니다." 하지만 이런 태도야말로 지젝이 보기엔 윤리적 파국에 다름 아니다.

그렇다면 무엇이 가장 적합한 자세인가. 그것은 모든 희생자들과의 무조건적인 연대이다. 만약 당신이 "그렇기는 하지만, 아프리카에서 고통받고 있는 수백만 명에 대해선 어떻게 생각하느냐"라는 식으로 이러한 연대를 내키지 않아 한다면, 그것은 제3세계에 대한 동정심을 표명하는 것이 아니라 제3세계 희생자들에 대한 은근한 인종차별적 태도를 드러내는 자기기만에 불과하다. 좌파의 대응에 대한 지젝의 또 다른 비판은 9.11 공격 이후 몇 주간에 걸쳐서 "평화에 기회를! 전쟁은 폭력을 종식시키지 못한다Give peace a chance! War does not stop violence" 같은 낡은 주문만을 되뇌었던 행태를 향한다. 공격 이후의 새롭고 복잡한 상황에 대한 분석 대신에 '전쟁 반대!'라는 맹목적인 구호에만 매달렸다는 것이다. 하지만 전쟁이 진정한 해결책이 아니라는 점은 부시 정부도 시인한 것이니 좌파로선 맥 빠지는 일이 아닐 수 없다. 게다가 세계무역센터 공격이 일종의 범죄행위이며 그것을 감행한 하수인들이 범죄자로 취급되어야 한다는 주장을 편 좌파도 있었는데, 이런 경우엔 '테러'가 지닌 정치적 차원을 완전히 놓친 격이라고 할 수 있다.

이렇듯 맥없는 좌파들 덕분에 9.11의 비극에 대한 헤게모니적 이데올로기의 전유가 훨씬 쉬워졌다는 게 지젝의 분석이다. 모든 것을 테러에 대한 찬반으로만 몰고 간 것이다. 하지만 테러에 찬성하느냐 반대하느냐는 진정한 선택지가 아니며, 그러한 선택에 대한 유혹은 기각되어야 한다. 문제는 좀 더 복잡하다. 지젝이 던지는 두 가지 질문 혹은 요청은 다음과 같

다. 첫째, 오늘날 중요한 선택은 진정으로 자유민주주의 대 근본주의(혹은
그 파생물) 사이의 선택일까? 둘째, 우리는 아프가니스탄 자체를 '해체'해
야 한다.

물라 오마르의 교훈

'당신은 테러에 찬성하는가, 반대하는가'라는 이분법적 선택지가 유사 선
택이라는 주장에서 다시 시작해보자. 그것은 '강요된 선택'이다. 아무도 공
개적으로 테러를 지지하는 사람은 없을 것이기 때문에, 이 경우 그에 대해
모호한 입장을 취하는 경우조차 테러에 찬성하는 것으로 내몰린다. "그래
서 당신의 입장은 '정확히' 어느 쪽이란 얘기냐?"라는 것이 되돌아올 수 있
는 반응이다.

> 이것이 바로 우리가 저항해야만 하는 유혹이다. 이처럼 선택의 자명
> 함이 명백한 순간이야말로 속임수가 완전한 순간이다. 우리에게 주
> 어진 선택은 진정한 선택이 아니다. 오늘날 우리는 그 어느 때보다도
> 더 힘을 내어 뒤로 한 발짝 물러서고 상황의 배경에 대해 성찰해봐야
> 한다.(『실재의 사막』, 79쪽)

어떤 선택이 자명해질 때, 거기엔 항상 속임수가 개입하기 마련이다. 테러
에 대한 찬반 선택도 마찬가지다. 그것은 진정한 선택이 아니다. 우리에게
필요한 것은 상황의 배경을 다시금 성찰하는 것이다. 하지만 그러한 유혹
에 이끌려 2002년 2월에는 미국인의 애국심에 호소하는 50인의 지식인 선
언이 발표되었다. 지젝이 보기에 "자기취소적 지시작용이라는 화용론적 모
순의 명백한 사례이다." 그러한 서명 행위 자체가 '지식인'의 역할을 포기한
행위이므로 그것이 '지식인 선언'이라고 공표되는 것은 모순이고 역설이다.
　상황의 배경에 대해서 다시금 성찰해본다는 것은 어떤 의미인가? 지
젝은 두 가지 'complication'을 제시한다. 그냥 '복잡한 문제'라고 해보자.

복잡한 문제란 물론 단순한 해법으로는 풀 수 없는 문제일 것이다. 우리는 무엇을 더 복잡하게 생각해봐야 하는가? 반복하건대 첫째, 오늘날 중요한 선택은 진정으로 자유민주주의 대 근본주의(혹은 그 파생물) 사이의 선택일까라는 점.

> 오늘날 세계화 상황의 복잡성과 이상한 뒤틀림을 설명할 수 있는 유일한 방법은, 자본주의 대 그 타자(현 시점에서는 반세계화 운동 같은 주변적 흐름으로 대표되는) 사이의 선택이 진정한 선택이라고 주장하는 것뿐이다.(『실재의 사막』, 79쪽)

'자본주의와 그 타자'는 'capitalism and its Other'의 번역이다. 그러니까 '자유민주주의 대 근본주의'라는 유사 선택지 대신에 '자본주의 대 그 타자'가 진정한 선택지라는 주장이다. 타자로서의 반자본주의는 현 시점에서는 반세계화 운동 같은 흐름에 의해 대표되고 있다(물론 이때의 '현 시점'은 2002년을 전후로 한 시점이다). 주의할 것은 '자본주의 대 반자본주의'가 구조적으로 부차적인 다른 현상에 의해 수반된다는 점이다. 그것은 '자본주의 대 그 과잉'이다. 20세기의 역사에서 우리가 식별할 수 있는 패턴은 무엇이었나? 자본주의가 자신의 진정한 적을 깨부수기 위해 불장난을 시작하고 파시즘이라는 형태의 그의 외설적인 과잉을 동원했다는 점이다. 하지만 자체의 생명력을 갖게 된 이 과잉(파시즘)은 너무 강력해져서, '자유주의적' 자본주의는 자신의 진정한 적인 공산주의와 힘을 합쳐서 그것을 억눌러야 했다. 그것이 제2차세계대전이다. 지젝은 의미심장하다고 덧붙였지만, 자본주의와 공산주의 사이의 전쟁이 '냉전'이었던 데 반해서 거대한 '열전hot war'은 파시즘과의 전쟁 곧, 자본주의 내부의 전쟁이었다.

이런 맥락에서 지젝은 탈레반의 경우도 마찬가지가 아니냐고 묻는다. 실상 아프가니스탄에서 탈레반은 공산주의(소련)와의 전쟁을 위해 미국의 지원하에 만들어졌지만 지금은 그 적으로 변해버렸다. 그렇다면 테러리즘의 기세가 아무 등등하다 할지라도, 미국의 '테러와의 전쟁'은 '우리의

9.11테러 이후 이슬람 문화권에는 '테러리스트'의 이미지가 덧씌워졌다.

전쟁'이 아니라, 자본주의 세계 내부의 전쟁이다. 따라서 "진보적 지식인의 첫 번째 의무는 적의 투쟁에 끼어들어 싸우는 것이 아니다."(『실재의 사막』, 80쪽) 즉 '진보적 지식인'이 '자본주의와 투쟁하는 지식인'을 뜻한다면, 적 (자본주의)의 전쟁을 도울 필요는 없다는 얘기다.

그리고 둘째, 우리는 아프가니스탄 그 자체를 '해체'해야 한다. 아프가니스탄은 그 자체로는 존재한 적이 없었다. 그것은 시작부터 외세에 의해 만들어진 것이었다. 지젝은 아프가니스탄의 지리적 구획이 주변 강대국과 열강에 의해 어떻게 인위적으로 재단됐는지 나열한다. "따라서 아프가니스탄은 최근까지 역사의 손길이 미치지 않은, 근대화의 영역을 벗어난 고대 왕국 같은 나라가 결코 아니다."(『실재의 사막』, 80~81쪽) 즉 역사의 손길이 미치지 않은, 근대화 바깥의 무슨 고대 왕국 같은 것이 아니라, 아프가니스탄은 순전히 근대 열강 사이의 역학관계가 낳은 결과라는 것이다. 이러한 아프가니스탄의 처지는 유럽에서 보면 벨기에의 처지를 닮았다. 초콜릿과 아동 포르노로 유명한 벨기에는 '초콜릿 애용자'와 '아동 학대자'란 상투적 이미지를 갖고 있는데, 그것이 미디어가 만들어낸 조작적 이미지라면 아프가니스탄에 들씌워진 '아편과 여성 억압의 나라'라는 이미지도 마찬가지다. 미국의 아프가니스탄 침공은 그렇게 자신이 조작해낸 이미지와의 전쟁이기도 했다.

> 미국의 '역사로부터의 휴가'는 거짓이었다. 미국의 평화는 다른 곳에서 벌어지는 대재난을 대가로 사들인 것이었다. 오늘날에는 외부에서 공격을 가하는 형언할 수 없는 악과 대면하는 결백한 시선이라는 관점이 지배적이다. 여기서도 역시 우리는 힘을 내어, 도처에서 악을 지각하는 결백한 시선 그 자체에도 (역시) 악이 존재한다는 헤겔의 유명한 격언을 이런 시선에 적용시켜야 한다.(『실재의 사막』, 81쪽)

우리는 무고하고 결백하다는 시선으로 미국은 외부의 악을 응징하고자 하지만, 정작 악은 그러한 시선 자체에도 포함돼 있다는 자각이 필요하다는 얘기다. 물라 오마르의 교훈을 다시 되새겨보자. "여러분은 정부가 하는 말을 진실이든 거짓이든 모두 받아들입니다. ……여러분 스스로 생각할 수는 없습니까?" 이때 스스로 생각한다는 자기 성찰은 무엇보다도 자기 자신이 결백하지 않다는 사실에 대한, 자기 내부의 '악'에 대한 냉정한 응시를 포함해야 할 것이다.

6장   9.11 이후의 행복

패권주의적 저항

이제 『실재의 사막』의 3장 '9.11 이후의 행복'을 읽어볼 차례다. 키워드는
물론 '행복'이다. 정신분석에서 행복은 '욕망의 배반'이라는 이름을 갖고 있
다. 사람들은 정확히 언제 행복하다고 느끼는가. 1970년대 말과 1980년대
체코슬로바키아를 예로 들고 있는 지젝을 따라가 본다.

일단 행복의 첫 번째 조건은 기본적인 물질적 욕구가 충족돼야 한다
는 것이다. 하지만 너무 완벽하게 충족되어선 안 된다. 과도한 소비는 불
행을 유발할 수 있기 때문이다. 그래서 가끔씩 바닥나는 물건도 있어야 한
다. 그래야만 그런 물건을 손에 넣을 때 만족감이 높아진다. 그리고 두 번
째 조건은 일이 잘못됐을 때 비난할 수 있는 타자가 있어야 한다는 것이
다. 동유럽에서는 당黨이 그런 역할을 해주었다. 모든 건 '그들' 잘못이었다.
끝으로, 하지만 결코 덜 중요하진 않은 조건으로 '다른 장소other place'의 존
재를 들 수 있다. 동유럽인들에겐 소비 천국으로서 서구가 그 다른 장소였
다. 너무 가깝지도 않고 너무 멀지도 않은 그곳을 그들은 꿈꾸었고 때로
방문도 할 수 있었다. 하지만 그들의 부서지기 쉬운 행복은 결국 욕망에
의해 끝장나고 만다. 욕망은 그들에게 더 많은 걸 요구하도록 부추겼고 결
국은 만족이 줄어들어서 절대지수가 예전보다 덜 행복한 체제로 귀결되었
다. 자본주의화된 동유럽의 실상이다.

행복은 바디우가 말하는 진리 범주가 아니다. 그것은 그냥 단순한
존재의 범주다. 그리고 그런 한에서 불확정적이며 불일치적이다. 그것은
이교도적 개념이다. 행복이 인생의 목표라고 말하는 건 이교도들이다. 종
교적 경험과 정치활동이 행복의 최고 형태로 간주된다. 지젝은 전 세계를
돌며 행복의 복음을 전하는 데 성공을 거둔 달라이 라마가 특히 미국에서
열광적인 반응을 얻어낸 것은 이상한 일이 아니라고 말한다. 미국이야말

로 행복의 추구를 제일의 관심사로 삼고 있는 제국이기 때문이다. 간단히 말하면, '행복'은 쾌락 원칙에 속하며, 행복을 잠식하는 것은 쾌락 원칙 너머에 대한 요구이다.

다시, 라캉적 의미에서 행복이란 무엇인가? "우리는 '행복'이 자신의 욕망이 가져올 결과와 완전하게 마주하지 못하는, 혹은 그럴 준비가 되어 있지 않은 주체의 상태에 의존한다고 상정해야 한다. 주체가 자기 욕망의 불일치 안에 고착되어 있는 것이 행복의 대가이다."(『실재의 사막』, 89쪽) 즉 실제로는 욕망하지 않는 것을 욕망하는 체하는 것이 행복의 조건이다. 그래서 우리가 '공식적으로' 욕망하는 것을 얻는 것은 최악의 일이 된다. 그렇기 때문에 행복은 본질적으로 위선적이다. 그것은 우리가 원하지 않는 것을 꿈꾸는 행복이다. 지젝이 드는 예는 이런 것이다.

오늘날 좌파는 자본주의 체제가 달성할 수 없을 것이 명백한 요구들을 퍼붓고 있는데(완전고용! 복지국가를 유지하라! 이민자들에게 완전한 권리를!), 이는 기본적으로 히스테리적인 도발의 게임이다. 즉 주인에게 그가 들어줄 수 없는, 그리하여 그의 무력함을 폭로하게 될 요구를 하는 게임을 하는 것이다. 그런데 이런 전략의 문제점은 단지 체제가 이런 요구를 만족시켜줄 수 없다는 것만이 아니다. 나아가 이런 요구를 하는 이들이 진정으로 그것이 실현되길 바라지는 않는다는 점이 문제다.(『실재의 사막』, 89~90쪽)

그런 맥락에서 다시 읽을 수 있는 것이 68혁명의 모토, "현실주의자가 되어라! 불가능한 것을 요구하라!"이다. 냉소적이고 악의적인 의미로 다시 읽자면 이렇게 된다. "현실주의자가 되자. 우리 강단 좌파는 비판적으로 보이고 싶지만, 체제가 우리에게 제공하는 특권 역시 마음껏 즐기고 싶다. 그러니 체제에 불가능한 요구들을 퍼붓자. 이런 요구들이 실현되지 않을 거라는 점은 우리 모두 알고 있으니, 우리는 정말로 변하는 것은 아무것도 없을 것이며 우리의 특권적 지위를 유지할 수 있을 거라고 확신할 수 있다."(『실재의 사막』, 91쪽) 이것은 '강단 좌파'에 대한 짓궂은 비아냥거림으로 들릴 수도 있지만 나름의 진실도 내포하고 있지 않은가.

지젝이 보기에 오늘날의 패권주의적 태도는 '저항'이다. 소수적 성과 인종, 생활양식의 '다중'의 시학이 중심화된(자본화된) 신비한 권력에 저항한다. 물론 한국적 상황과는 거리가 있지만, 게이와 레즈비언에서 우파 생존주의자에 이르기까지 모두가 저항한다. 그렇듯 저항이 오늘날 규범이 되었다면, 바로 그런 한에서 그것은 지배적인 관계에 실질적인 의문을 제기할 수 있는 담론 출현의 장애물 아닌가라고 지젝은 묻는다. 그렇다면 가장 먼저 해야 하는 일은 그러한 패권주의적 태도의 핵심을 공략하는 것이다. 거기서 핵심이 되는 것은 '타자에 대한 존중'이란 개념이다. 지난 세기의 교훈은 무엇이었나?

> 우리는 타자의 근본적 타자성이라는 어떤 극한을 존중해야 한다는 것이 지난 세기의 교훈 아니었던가? 우리는 타자를 우리의 적으로, 거짓 지식의 소유자 등으로 환원해서는 절대 안 된다. 그/그녀의 안에는 항상 다른 사람의 헤아릴 수 없는 절대적 심연이 들어 있다.(『실재의 사막』, 99쪽)

타자성의 존중

'타자성의 존중'이 가장 기본적인 윤리적 공리라는 생각에 대한 지젝의 비판에서부터 시작해보자. 먼저 알랭 바디우에 대한 인용이다.

> 저는 '타자에 대한 존중'이라는 공식이 선과 악에 대한 진지한 정의와는 아무런 관계가 없다는 점을 특히 단언하고자 합니다. 전쟁에서 적과 맞서 있을 때, 다른 남자 때문에 한 여자에게 잔인하게 버림받았을 때, 이류 '예술가'의 작품을 판단해야 할 때, 과학이 반계몽주의자 파벌과 마주했을 때, 이런 경우에 '타자에 대한 존중'이란 무엇을 의

106

미할까요? '타자에 대한 존중'은 종종 유해한 것, '악'이 될 수 있습니다. 특히 주관적으로 정당한 행위를 하도록 몰아가는 것이 타인에 대한 저항이나 심지어 타인에 대한 증오일 때 그렇습니다.(『실재의 사막』, 98~99쪽)

바디우는 '타자에 대한 존중'이 자주 유해하며 악이 될 수도 있다는 주장을 편다. 특히 '주관적으로는 정당한 행동'일 때 그렇다. 서로 총부리를 겨누고 교전 중인 상황에서 타자를 존중한다는 게 무슨 의미일까? 다른 남자 때문에 사정없이 차였을 때 타자를 존중한다는 건 또 무슨 의미일까? 그럴 땐 타인들에 저항하고 그들을 증오하는 것이 적어도 주관적으로는 정당한 행동 아닌가? 이에 대한 예상되는 반론은 바디우가 제시하는 사례들이 그의 논리의 한계를 보여준다는 것이다. 적에 대한 증오나 거짓으로 치장된 지혜 같은 건 그렇다 치더라도, 타자를 단순히 그런 범주로만 환원해서는 안 된다는 것이다. "그/그녀 안에는 항상 다른 사람의 헤아릴 수 없는 절대적 심연이 들어 있다." 즉 각자는 어떤 절대적 타자성이라는 걸 갖고 있다는 것이다.

그러한 근본적 타자성을 존중하지 않고 바디우처럼 '주관적으로 정당한 행동'을 옹호할 경우에 도달하게 되는 결과는 20세기 전체주의의 과오를 다시 답습하는 것이다. 아니나 다를까, 바디우는 공산주의 테러를 곧바로 지지하지 않느냐는 것이 바디우의 '타자성 존중' 비판에 대한 비판이다.

하지만 지젝은 바로 그런 식의 추론을 거부해야 한다고 주장한다. 파시즘을 예로 들자면, "우리는 히틀러의 모든 악행 밑에 있는 그의 인격이라는 근본적 타자성의 심연을 존중해야 하는가?"(『실재의 사막』, 99~100쪽) 즉 '타자성의 존중'이란 맥락에서 히틀러의 인격이 갖고 있는 '근본적인 타자성' 또한 존중해야 한다면 이 또한 자가당착이다.

바로 이 지점에서 우리는, 자신은 세상에 평화와 단합을 주러 온 것이 아니라 칼과 분열을 가져온 것이라는 그리스도의 유명한 말을 적용해야 한다. 나치 자체의 인간성까지도(인간성이라는 게 남아 있다면) 포함하는 인간성에 대한 사랑 그 자체에서, 우리는 전적으로 가차 없고 존중 없는 방식으로 그들과 싸워야 한다. 한마디로, 홀로코스트에 대해 흔히 인용되는 유대인의 속담("누군가 한 사람을 죽음에서 구하면, 그는 인류 전체를 구원하는 것이다")은 다음과 같이 보충되어야 한다. "누군가 인류의 진정한 단 하나의 적을 죽인다면, 그는 인류 전체를 (죽이는 것이 아니라) 구원하는 것이다"라고 말이다.(『실재의 사막』, 100쪽)

당연한 말이지만, 진정한 윤리적 시험은 〈쉰들러 리스트〉가 보여주듯 희생자들을 구하려는 태도뿐만 아니라 그들을 희생자로 만드는 자들을 가차 없이 제거하려는 일에도 걸려 있다.

화제를 조금 바꿔서 나이트 샤밀란 감독의 영화 〈언브레이커블〉(2000)을 떠올려보자. 주인공이 이렇게 설정돼 있는 영화다. "필라델피아에서 열차 충돌 사고가 발생한다. 승무원과 승객을 포함하여 131명이 현장에서 즉사한 대형 사고였지만 놀랍게도 한 명의 생존자가 발견된다. 바로 대학교 풋볼 스타디움에서 경비원으로 일하는 데이비드 던이다. 데이비드는 대학 시절 영웅처럼 떠오르던 스타 선수였으나, 자동차 사고로 선수 생명에 종지부를 찍은 사람이다. 놀라운 것은 그때의 사고에서도 그는 상처 하나 없이 살아났다는 점이다."(시놉시스 참조)

그러니까 내용만 보자면 유치하고 만화 주인공 같은 인물이 등장하는 영화다. 하지만 형식적으론 잘 만들어진 심리극의 모양새를 갖추고 있다. 어떤 점에서 그런가? 지젝은 주인공 데이비드(브루스 윌리스)가 자신의 호명, 상징적 임무를 받아들이기 어려워하는 태도가 문제적이라고 본다. 그의 아들이 총으로 쏴서 아버지가 진짜 무적이고 불사신인지 확인하고 싶어 할 때 그는 거절한다. 어째서인가? 죽음이 두려워서일까? 아니면 진짜로 자신이 불굴의 존재라는 사실이 입증될까 봐 두려운 것일까? 지젝은 이것이 키르케고르의 『죽음에 이르는 병』과 동일한 딜레마라고 본다.

영화 〈언브레이커블〉의 주인공 데이비드 던(브루스 윌리스)의 모습.
죽지 않는 자신의 존재를 받아들이지 못하고 힘들어한다.

"우리는 우리가 죽을 운명임을 발견하는 일이 두려운 것이 아니라, 오히려 우리가 불사조임을 발견하는 일이 두려운 것이다."

여기서 우리는 키르케고르와 바디우를 연결해야 한다. 인간이라는 동물이, 자기 삶이 단지 생식과 쾌락 추구의 어리석은 과정에 불과한 것만이 아니라 어떤 진리를 위한 복무이기도 하다는 사실을 수용하는 것은 무척 어려운, 정신적 외상을 초래할 정도의 일이다. 그리고 이것이 오늘날 소위 탈이데올로기적 세계에서 이데올로기가 작동하는 방식처럼 보인다.(『실재의 사막』, 102쪽)

냉소주의

'탈이데올로기적 세계'에서 이데올로기가 작동하는 방식이란 무엇인가?

우리는 우리의 상징적 임무를 전적으로 떠맡지 않으면서, 그것을 '진지하게 받아들이지' 않으면서 그것을 수행한다. 어떤 아버지가 아버지 역할을 수행하면서도, 아버지가 된다는 게 어리석은 짓이라든지 하는 아이러니한/반성적인 언급을 끊임없이 덧붙이는 게 그런 예이다.(『실재의 사막』, 102쪽)

'탈이데올로기 시대의 이데올로기'란 한마디로 말하면 '냉소주의'다. 이데올로기에 대한 일반적인 정의가 "그들은 자기가 하는 일을 알지 못한다"라고 하면, 냉소주의는 "그들은 자기가 하는 일을 알면서도 한다"이다. 대신에 투덜대면서, 아닌 척하면서 한다. "내가 이런 걸 꼭 해야 돼?"라면서도 마지못하는 척하는 것, 그것이 냉소주의다. 즉 "우리는 우리의 상징적 임무를 전적으로 떠맡지 않으면서, 그것을 '진지하게 받아들이지' 않으면서 그것을 수행한다."(『실재의 사막』, 102쪽)

물론 이것은 비단 '아버지'에만 해당하는 것은 아니다. "더러워서 못

영화 〈슈렉〉의 주인공들. 왼쪽부터 슈렉, 피오나 공주, 동키(당나귀).

해먹겠다!" "내가 진짜 때려치우고 말지!" 등 한국 사회의 상투적 불평은
이런 냉소주의의 대표적 발현이다(물론 진짜로 그만두고 때려치운다면 사
정은 달라지지만, 알다시피 그런 경우는 드물다).

　　이러한 이데올로기를 가장 잘 보여주는 사례로 지젝은 할리우드의
애니메이션 〈슈렉〉(2001)을 든다.

　　　최근 드림웍스에서 나온 블록버스터 애니메이션 〈슈렉〉(앤드루 애덤
　　　슨, 비키 젠슨 감독, 2001)은 이데올로기의 이런 지배적 기능을 완벽
　　　하게 보여주는 사례다. 전형적인 동화적 줄거리(주인공과 귀엽게 우
　　　왕좌왕하는 코믹한 조력자가 용을 패배시키고 공주를 구하러 떠난
　　　다)에는 브레히트의 '소격효과extraneation'(많은 하객이 교회에서 결혼
　　　식을 구경하는 장면에는 거짓된 자발성을 지시하는 TV쇼에서처럼
　　　'웃으세요!'나 '정숙!' 등의 반응을 유도하는 지시사항이 등장한다), 정
　　　치적으로 올바른 비틀기(두 연인이 키스하자, 못생긴 괴물이 멋진 왕
　　　자로 변하는 게 아니라 아름다운 공주가 뚱뚱하고 평범한 소녀로 변
　　　한다), 여자의 허영심에 대한 아이러니한 일침(구원자의 입맞춤을 기
　　　다리는 동안, 잠자던 공주는 더 예쁘게 보이려고 잽싸게 머리를 매만
　　　진다), 악한 인물이 선한 인물로 변하는 예기치 못한 반전(사악한 용
　　　은 사실 다정한 여자 용이었고, 나중에는 주인공들을 도와준다) 등
　　　이 장난스럽게 가해지며, 현대의 사회적 관습과 대중문화를 언급하
　　　는 부분도 많다.(『실재의 사막』, 102~103쪽)

여기서 '소격효과'란 결혼식에 모인 하객들에게 "웃으세요!Laugh!" "정
숙!Respectful silence!"이라고 '자발성'을 유도하는 지시사항이 하달되는 게 그
런 사례다. G20 정상회담 때 배포된 '글로벌 에티켓' 안내 전단지 내용도
비슷한 사례로 꼽을 수 있을 것이다. '외국인을 만나면 겁먹지 말고 Hello
하라, 지하철에서는 통화도 소곤소곤, 지나가다 부딪혔을 땐 미안합니다,
쓰레기는 휴지통에' 같은 사항을 시민들이 숙지하자는 것인데, 물론 〈슈

렉〉과 마찬가지로 코미디에 해당한다.

지젝은 〈슈렉〉에 나오는 몇 가지 사항을 더 나열하는데, 가령, 슈렉과 피오나가 키스한 후에 무슨 일이 벌어지는가? "못생긴 괴물이 멋진 왕자로 변하는 게 아니라 아름다운 공주가 뚱뚱하고 평범한 소녀로 변한다."(『실재의 사막』, 102쪽) 남녀 관계에서 정치적 올바름이란 서로가 평등해야 한다는 것이니 '못생긴 슈렉'과 '아름다운 공주'는 어울리는 커플이 아니다. '못생긴 슈렉'이 '아름다운 왕자'로 변신한다면 완벽한 조정이 되겠지만, 이 영화에선 그걸 좀 비틀어서 '아름다운 공주'를 슈렉에게 어울릴 만한 '못생긴 소녀'로 만들었다. 덧붙여 〈슈렉〉은 현대의 사회적 관습과 대중문화에 대한 풍자와 여러 가지 뒤집기도 시도한다. 하지만 지젝의 평가는 냉정하다.

우리는 이런 전치와 재기입을 '전복적인' 가능성이 있는 것이라 너무 쉽게 칭찬하고 〈슈렉〉을 또 하나의 '저항의 장소'로 격상시키는 대신, 이 모든 전치에도 불구하고 똑같은 낡은 옛날이야기가 반복되고 있다는 자명한 사실에 초점을 둬야 한다. 요컨대 이런 전치와 전복의 진정한 기능은 전통적인 이야기를 우리의 '포스트모던' 시대에 맞게 재조정하는 것이며, 그리하여 우리가 오래된 이야기를 새로운 서사로 대체하지 못하게 막는 것이다.(『실재의 사막』, 103쪽)

요점은 〈슈렉〉을 전복적이면서 저항적인 영화로 칭송하는 것은 성급하다는 것이다. 왜냐하면 모든 변형과 뒤집기에도 불구하고 기본적으론 '낡은 이야기'를 똑같이 반복하고 있기에 그렇다. 단지 그런 구닥다리 이야기를 포스트모던 시대에 맞게 재조정했을 따름이다. "따라서 우리로 하여금 그것을 새로운 서술로 대체하지 못하도록 막아준다." 물론 우리에게 필요한 것은 낡은 것을 대체할 새로운 서사다.

하지만 〈슈렉〉이 보여주는 건 다르다. 영화 피날레에 흐르는 노래는 몽키스의 1960년대 히트곡 〈나는 신자다I'm a believer〉를 다시 부른 것이다.

지젝이 보기엔 이것이 오늘날 우리가 신자가 되는 방식이다. "만일 당신이
패권적인 자유주의 이데올로기를 진지하게 받아들인다면(그런 척한다면)
당신은 지적이면서 동시에 정직한 인간일 수 없다. 당신은 멍청하거나 타
락한 냉소주의자거나 둘 중 하나이다."(『실재의 사막』, 103~104쪽) 믿음에
대한 냉소주의적 조롱은 따라서 그 믿음과 적대적이지 않다. 그 조롱은 우
리의 믿음을 계속 유지시켜주는 버팀목이다. "거지 같은 나라!"라는 푸념이
우리를 계속 이 땅에 살게 하는 것과 마찬가지다.

　　지젝은 과거 동독의 상황을 예로 든다. 좋았던 시절에도 동독에서는
한 사람이 세 가지 특징을 모두 갖추는 것이 불가능했다. 공식 이데올로기
에 대한 믿음으로서의 신념과 지성, 그리고 정직성이 그 세 가지다. 신념과
지성을 가진 인간은 정직하지 않았고, 지적이고 정직한 인간이라면 신념
이 부족했으며, 신념을 갖고 있는 정직한 인간에겐 지성이 결여돼 있었다.
이것이 자유민주주의라는 이데올로기에도 동일하게 적용되지 않을까라고
지젝은 묻는다.

> 만일 당신이 패권주의적 자유주의 이데올로기를 신중하게 받아들인
> 다면, 당신은 지적이면서 동시에 정직한 인간일 수 없다. 당신은 멍
> 청하거나 타락한 냉소주의자거나 둘 중 하나이다.(『실재의 사막』,
> 103~104쪽)

즉 당신이 지적이라면 정직하지 않을 테고, 정직하다면 지적이지 않을 테
다. 그래서? (1) 지배 이데올로기를 믿는 정직한 '멍청이'거나 (2) 그걸 믿는
척하는 똑똑하지만 '타락한 냉소주의자'일 거라는 얘기다. 우리들 각자는
어느 쪽일까?

7장   민주주의와 민주진창

호모 서케르

"나는 오늘날 지배적인 자유주의의 주체성 양식이 '호모 서케르Homo sucker'
라고 말하고 싶다"(『실재의 사막』, 104쪽)라는 구절에서 시작해보자.

　　호모 서케르는 어떤 인간인가? 요컨대 타인을 착취하고 빨아먹으려
고 하지만, 결국엔 그 자신이 먹잇감이 되고 마는 인간이다. "지배이데올로
기를 조롱하고 있다고 생각할 때, 우리는 단지 우리에 대한 그 지배를 강
화하고 있을 뿐이다"(『실재의 사막』, 104쪽)라는 지적의 메시지도 마찬가
지다. 냉소주의가 오히려 지배 이데올로기를 강화해줄 뿐이라는 주장이다.
이러한 이데올로기적 구도에서 지젝은 두 가지 교훈을 이끌어낸다. 첫 번
째, "우리는 타자를 '믿을 것이라 가정된 주체'로 변형시키면서 우리가 지탱
할 수 없는 순진한 믿음을 타자에게 돌리지 않도록 조심해야 한다."(『실재
의 사막』, 104쪽) 두 번째 교훈, "적에게 미리 어떤 영역을 부여해주는 대신,
우리는 '본래' 적에게 속한 것처럼 보이는 관념들과도 투쟁해야 한다."(『실
재의 사막』, 106쪽)

　　다시 풀어보자. 첫 번째 교훈으로, 우리가 지탱할 수 없는 믿음을 대
타자에 돌리지 말아야 한다는 것은 무슨 뜻인가? 우리가 갖고 있지 않은
믿음을 대타자에게 전가하지 말라는 것이다. 자살 테러를 감행하는 '무슬
림 근본주의자'는 자신의 행위에 대한 확고한 믿음을 갖고서 자살하는 것
일까? 아니면 자살이란 행위 자체를 수단으로 그 믿음을 입증하려는 것일
까? 이렇게 말하는 것은 어떨까? "내가 진정으로 믿고 있는지 잘 모르겠습
니다. 하지만 대의를 위해 내 자신이 죽음으로써 내가 믿고 있다는 것을
실제로 증명하게 되겠죠." 실상은 생각보다 복잡할 여지가 있는 것이다.

　　구체적인 역사적 사례로 지젝은 소련의 작가동맹 의장이었던 작가
알렉산드르 파데예프를 든다. 『궤멸Razgrom』을 쓴 원조 스탈린주의자arch-

Stalinist인데, 그는 1956년 제20차 전당대회에서 흐루쇼프의 비밀 연설을 듣고서 권총으로 자살했다. 흐루쇼프가 폭로한 스탈린 체제의 부정과 부패가 과연 그에게 충격적이었던 것일까? 정황상 그는 무슨 일이 벌어지고 있는지 잘 알고 있었다. 따라서 흐루쇼프의 비밀 연설 내용이 그에겐 하등 새로울 것이 없었을 것이다. 다만 그가 믿고 있었던 것은 '대타자'다. 그 대타자, 곧 사회주의의 공적인 외관에 대한 믿음이 무너진 것이다. 그렇게 무너져버린 것은 "이데올로기적 환영 그 자체의 '수행 능력'에 대한 그의 믿음"이었다. 그의 절망은 그 환영의 붕괴에 대한 절망이자 그에 대한 충실성의 제스처다. 지젝이 제시한 다른 사례에 견주자면, 그는 "자신의 정직한 무지의 겉모습을 유지하기 위해 자살했다."

두 번째 교훈을 실천하기 위해서 지젝은 서부극의 위대한 전통으로 되돌아갈 필요가 있다고 역설한다. 알랭 바디우는 그런 서부극을 윤리적 용기의 위대한 장르라고 칭송했다. 그러한 용기의 사례로 지젝이 드는 것은 델머 데이브스 감독의 〈유마행 3시 10분 열차〉(1957)다(제임스 맨골드 감독에 의해 〈3:10 투 유마〉(2007)로 리메이크되기도 했다). 내용은 이렇다.

가난한 농부(반 헤플린)가 가뭄 때 가축을 구하기 위해 필요한 200달러 때문에 현상금이 붙은 악당 보스(글렌 포드)를 호텔에서 유마행 호송열차까지 에스코트하는 일을 맡게 된다. 하지만 그를 도와주기로 했던 이들은 보스를 구하려는 일당이 호텔을 포위하고 있다는 사실을 알게 되자 모두 떠나버린다. 악당은 농부를 회유하기도 하고 위협도 해보지만 농부는 꿋꿋이 자기 일만 충실히 수행한다. 이미 역을 떠난 기차에 다가가던 악당과 농부는 보스를 구하려고 기회를 엿보고 있던 부하들과 마주친다. 농부에겐 별로 희망이 없어 보이는 그 순간 악당은 돌연 그에게 얼굴을 돌리며 이렇게 말한다. "나를 믿으시오! 저 열차에 같이 뛰어오릅시다!"

영화의 이 마지막 장면이 말해주는 것은 무엇인가? 진정으로 시련을 겪어

내고 있던 사람은 농부가 아니라 악당이었다는 사실이다. "그는 농부의 성
실함에 설복되어 그를 위해 자신의 자유를 희생한다." 지젝은 바로 이런 상
황이 오늘날 우리 모두에게도 똑같이 적용될 수 있지 않느냐라고 말한다.

> 그들은 우리 사회의 노동자들이나 제3세계의 군중들이 어쩌다 혁
> 명이라는 사명을 비겁하게 배반하고 민족주의나 자본주의의 유혹
> 에 굴복하게 되었는지에 대해 오만한 판결을 내린다.(『실재의 사막』,
> 108쪽)

'판결을 내린다'라는 표현은 우월한 식견과 지위를 전제로 한다. 하지만 정
작 시험에 드는 인물은 지식인들 자신이다.

> 1980년대 말 유고슬라비아 대중들이 민족주의의 유혹에 빠지고 말
> 았다며 비난하는, 넉넉한 보수를 받으며 안락하게 살아가는 영국이
> 나 프랑스 '급진 좌파'라는 혐오스런 인물을 예로 들어보자. 실제로
> 시험에 처한 것은 이들 '급진 좌파들'이었으며, 유고슬라비아 해체 이
> 후 내전에 대해 오판을 저질러 이 시험에서 비참하게 실패한 것 역시
> 이들이었다.(『실재의 사막』, 108쪽)

요컨대 1980년대 말 유고슬라비아의 대중들이 민족주의의 유혹에 빠지고
말았다고 안락의자에 앉아 맹비난하며 개탄하는 유럽의 급진 좌파야말로
정작 시험대에 오른 처지라는 것이다. 그들은 그 시험을 통과하지 못했고
유고슬라비아 연방의 해체 이후에 벌어진 내전에 대해서 오판을 저질렀다.
이러한 전철을 되밟지 않기 위해서 지금 필요한 것은 '용기'다. 9.11 이후에
도 마찬가지다. 항상 자신의 위치에 대해 질문을 던지는 용기가 미국과 유
럽의 지식인들에게 결여돼 있다고 지젝은 비판한다.

파시즘 이전의 파시즘

유럽과 미국의 지식인들에 대한 비판에 이어지는 것은 파시즘에 대한 지젝의 재평가다. 보다 정확하게는 파시즘이란 딱지를 남용하지 말자는 것이다. 이것은 전체주의란 이름으로 나치즘(국가사회주의 혹은 민족사회주의)과 공산주의(스탈린주의)를 동급으로 비난하고 동일시하는 태도에 대한 비판도 함축한다(『전체주의가 어쨌다구?』와 『레닌 재장전』에 실린 지젝의 글을 참고해볼 수 있다). 이야기의 실마리로 지젝은 쇤베르크의 무조음악을 예로 든다.

> 아르놀트 쇤베르크는 1911년 발표한 그의 대표작인 이론적 저서 『화성악Harmonienlehre』 2부에서 조성음악에 대한 반대 의견을 개진한다. 표면적으로 보면 그 어조는 옛 나치의 반유대주의 팸플릿을 연상시킬 정도이다. 쇤베르크가 보기에 조성음악은 '병들고' '변질된' 세계가 되어 청소 대책이 필요했다. 조성체계는 '근친교배와 근친상간'에 점령당했다. 감7화음 같은 낭만적 화음은 '양성구유적'이고 '방랑적'이며 '잡다하게 뒤섞여' 있다⋯⋯.(『실재의 사막』, 108~109쪽)

'옛 나치의 반유대주의 팸플릿'은 'late Nazi anti-Semitic tracts'를 옮긴 것이다. 조성음악에 대한 쇤베르크의 반대와 비판이 반유대주의 문건에서 보이는 문구들을 연상시켜준다는 것이다. '청소 대책'은 말 그대로 'cleansing solution'을 번역한 것이다. 조성음악은 병들고 변질되었기 때문에 '청소'가 필요하다는 것이다. 이런 문제의식과 문구의 구세주-계시적(메시아적-묵시록적)인 태도가 혹 나치의 '최종 해결책final solution'을 떠올려주는가? 최종 해결책이란 알다시피 '유대인 문제'의 해결책으로 그들을 절멸시키는 것이었다. 하지만 지젝은 그렇듯 쇤베르크의 반反조성음악까지도 나치의 최종 해결책을 낳은 '더 깊은 정신적 상황'을 구성한다는 시각을 비판한다. 그런 결론이야말로 우리가 피해야 할 입장이라는 것이다.

화려한 집단 퍼포먼스는 파시즘의 특징적 요소로 자리잡았다.

나치즘이 역겨운 것은 최종 해결책이라는 수사법 자체가 아니라, 나치가 그것에 부여한 구체적인 왜곡 때문이다. 이런 종류의 분석에서 유명한 다른 주제 하나는 수천 명의 사람이 훈련된 제식 동작을 보이는 집단 안무(퍼레이드, 경기장에서의 집단 퍼포먼스 등)에 '원조 파시스트적' 특성이 있다는 분석이다. 이런 집단 안무를 사회주의에서도 보게 되면, 우리는 즉시 두 '집단주의' 간에는 '뿌리 깊은 결속'이 있다는 결론을 내린다.(『실재의 사막』, 109쪽)

'최종 해결책'의 수사학이란 쇤베르크의 조성음악 비판과 나치의 반유대주의를 묶어주는 문구들을 가리킨다. 하지만 최종 해결책의 문제는 그런 수사학에 놓여 있는 것이 아니라 그 '구체적인 왜곡'에 있다. 조성음악이 병들었다고 비난하는 것과 유대인을 '병들었다'는 이유로 집단학살하는 것은 결코 등가적인 일이 될 수 없다. 훈련된 제식 동작과 열병 퍼포먼스만을 증거로 나치즘과 스탈린주의를 싸잡아서 '전체주의'라고 비판하는 것은 '자유주의 이데올로기'의 오류이다. 그것은 무엇을 놓치고 있는가?

그런 집단 퍼포먼스는 본질적으로 파시스트적인 게 아닐뿐더러, 좌파나 우파가 전유할 수 있는 '중립적인' 것도 아니다. 본래 노동자 운동에서 태어난 집단 퍼포먼스를 훔쳐서 전유한 것이 나치즘이었을 뿐이다.(『실재의 사막』, 109쪽)

즉 '집단 퍼포먼스' 자체는 파시즘과 무관하다는 것이다. 그렇다고 해서 중립적인 것이어서 좌파나 우파에 의해 이용(전유)되는 것도 아니다. 즉 '사회주의적 퍼포먼스', '파시즘적 퍼포먼스'로 분화되는 것이 아니라는 얘기다. 그러한 퍼포먼스 자체는 노동자 운동의 요소였던 것인데, 그것을 파시즘에서 가져다가 오용한 것일 따름이다. 순서가 그렇다. 그런데 본말이 전도돼 집단 퍼포먼스 자체가 파시즘에 고유한 것으로 규정되고 비판받는 상황이 초래됐다. 따라서 이 문제를 파악할 때 우리에게 필요한 것은 전형적인 역사주의 계보학이 아니라 니체식 계보학이다. 역사주의 계보학은 사안의 근원과 영향 관계 등을 따져 묻는다. 파시즘이 탄생하면, 그러한 현상의 기원을 거슬러 올라가 '원조 파시즘'을 찾아서 그 책임을 묻는 식이다. 니체식 계보학은 '원조'의 오용과 왜곡을 찾아낸다. 그리고 그것들 간의 '단절'을 강조한다. '원조'라는 건 그런 오용·왜곡이 그 부정적 결과를 소급하여 덮어씌운 것에 불과하다.

> '원조 파시즘'적인 요소들 중 '본질적으로' 파시즘적인 것은 아무것도 없으며, 그런 요소를 '파시즘적'으로 만드는 것은 그 특정한 표현이다. 혹은, 스티븐 제이 굴드의 용어를 빌자면 그런 모든 요소들은 파시즘에 의해 '굴절 적응ex_apted'된 것이다. 다시 말해 '파시즘이라는 말 이전의 파시즘'은 없다. 수많은 요소들로부터 진정한 파시즘을 만들어내는 것은 말 그 자체(명명)이기 때문이다.(『실재의 사막』, 110~111쪽)

예컨대 펭귄의 날개는 날기 위해 진화했지만 나중에는 헤엄치는 데 사용됐다. 진화 과정에서 용도가 굴절된 것이다. '파시즘이라는 말 이전의 파시즘'이란 무엇일까? 파시즘이란 말이 생기기 이전에 나타난 그와 유사한 현상을 '원조 파시즘'이라고 부른다면, 그것이 바로 '파시즘 이전의 파시즘'이다. 하지만 지젝이 말하는 요점은 '파시즘'을 만들어내는 것은 '파시즘'이란 명명 자체이기 때문에, '파시즘 이전의 파시즘'이란 속임수이거나 물타기다. 따라서 우리는 집단 퍼포먼스나 신체 단련 같은 것을 '원조 파시즘'으로 간주하는 시각을 철저히 배격해야 한다. 그것은 허위 개념의 전형적 사례일 뿐이다. 지젝은 그러한 맥락에서 '훈련discipline'이 '원조 파시즘'적 특징을 포함한다는 생각을 거부해야 한다고 주장한다.

> 수천 명의 신체가 조직적인 동작을 펼치는 공연이(혹은 등산처럼 대단한 노력과 극기를 요구하는 스포츠에 대한 찬탄이) '원조 파시즘적'이라 말하는 것은 아무것도 말하지 않는 거나 마찬가지다. 그런 말

은 단지 우리의 무지를 감추는 모호한 연상관계를 표현하는 것에 불과하다.(『실재의 사막』, 110쪽)

브루스 리, 곧 이소룡의 쿵후 영화들이 보여주었던 대로, 자기 단련은 가진 것이 오직 몸뚱이밖에 없는 젊은이가 성공할 수 있는 유일한 길이다. 즉 그것은 순수한 노동자 계급의 이데올로기다. 반면에 "지나친 자유에 탐닉하는 자발성과 '될 대로 되라'는 태도는 그렇게 할 수 있는 수단을 가진 사람들의 것이고, 그런 수단이 전혀 없는 사람들한테는 오직 그들의 단련만이 있을 뿐이다."

만약에 '나쁜' 신체 단련이 있다면, 그것은 집단적인 트레이닝이 아니라 "그 자신의 내적인 가능성의 실현이라는 주관적인 경제의 일부인 조깅과 보디빌딩이다." 즉 도장에서 권투나 합기도를 배우는 것과 조깅은 같은 체력 단련이라 하더라도 종류가 다르다. 지젝은 심지어 이렇게까지 말한다.

옛 좌파 급진주의자들이 '성숙한' 실용적 정치로 입장을 바꾸는 과정에서 거의 필수적으로 거치는 단계가 자신의 신체에 대한 강박적 관심이라는 것도 놀라운 일이 아니다. 제인 폰다에서 요슈카 피셔에 이르기까지, 두 단계 사이의 '잠복기'의 특징은 자기 몸에 관심을 집중하는 것이었다.(『실재의 사막』, 110~111쪽)

할리우드의 간판급 여배우인 제인 폰다는 '좌파적' 정치활동으로도 유명한데, 언젠가부터 '피트니스' 전도사로 더 이름을 떨치고 있는 듯싶다. 독일의 전 외무장관 요슈카 피셔는 국내에도 소개된 『나는 달린다』라는 책으로 유명한 정치인이다. 이들은 모두 젊은 시절 '급진적 좌파'의 입장을 견지했지만 현재는 보다 온건하고 실용적인 노선으로 전향했다. 그 후자를 가리키는 말이 '성숙한 실용적 정치maturity of pragmatic politics'다. 물론 이때의 '성숙함'이란 본인들의 표현이면서 동시에 지젝의 비아냥거림을 담은 말이다. 폰다에서 피셔까지 과거 급진적 좌파의 이력을 가진 인사들이 성숙한 실용적 정치를 주장하면서 자신의 입장을 옮겨갈 때, 그 사이 '잠복기'에 나타나는 것이 자기 몸에 대한 강박적 관심이라는 것이 지젝의 지적이다.

정직한 민주주의에 대한 환상

이스라엘의 농담에서 시작해보자. 빌 클린턴이 이스라엘의 총리였던 베냐민 네타냐후를 방문했다. 네타냐후의 집무실에 놓인 이상하게 생긴 전화를 보고 클린턴이 뭐냐고 물었다. 네타냐후는 하늘에 계신 분과 통하는 전화라고 했다. 그게 부러웠던 클린턴은 백악관으로 돌아오자마자 비용이 얼마가 들든 그런 전화를 놔달라고 정보기관에 요구했다. 2주 후에 전화는 개통됐지만 요금이 너무 비쌌다. 1분에 200만 달러라는 것이다. 클린턴이 화가 나서 네타냐후에게 전화를 걸었다. 재정적으로 '우리'가 '당신네'를 지원까지 하고 있는데, 어떻게 그런 비싼 전화를 쓸 수 있느냐고. 네타냐후의 대답은 이랬다. "아뇨, 그게 아니에요. 우리 유대인들이 걸면 시내 통화예요!"

이 농담에는 소련 버전도 있단다. 닉슨이 브레즈네프를 방문했을 때 예의 그 특별한 전화를 봤다. 브레즈네프는 그게 지옥과 직통으로 연결돼 있는 전화라고 일러준다. 닉슨도 똑같이 전화를 설치했다가 요금이 너무 비싸다고 브레즈네프에게 불평을 한다. 그러자 브레즈네프 왈, "소련에서는 시내 통화예요."

이에 대한 포스트모던 자유주의자의 반응은 무엇인가? 그들은 그런 것이야말로 오늘날 악의 원천이라고 주장한다. 그들은 이런 식으로 말한다. 자신들은 신(진리, 정의, 민주주의, 혹은 다른 절대적 가치)과 연결돼 있다고 믿으면서 상대방은 지옥(악의 제국 혹은 악의 축)과 직접 연결돼 있다고 비판하는 것은 옳지 않다고. 이러한 절대화에 반대하여 우리는 우리의 처지가 모두 상대적이며 역사적인 우연에 의해 조건 지어진 것이라는 점을 수용해야 한다고. 따라서 결정적인 해법이란 없으며 단지 일시적이면서 실용적인 해법만이 있을 뿐이라고. 하지만 과연 그런가? 지젝은 이런 입장이 보여주는 것은 허위적인 자세일 뿐이라고 질타한다. 그가 참고하는 것은 체스터턴의 이런 비판이다.

> 어떤 길모퉁이에서나 우리는 자기 말이 틀릴 수도 있다는 정신 나간 불경한 소리를 지껄이는 사람과 마주칠 수 있다. 매일 우리는 물론 자기 의견이 옳지 않을 수 있다고 말하는 사람과 마주치게 된다. 물론 그의 의견은 옳은 것이어야 한다. 그렇지 않다면 그건 자신의 의견이 아니니까.(『실재의 사막』, 112쪽)

그러니까 누군가 자기 의견을 말하면서 그것이 옳지 않을 수도 있다고 말하는 것은 모순이다. 이런 경우엔 '수행적 모순'이다. 자기 말을 자기가 되삼키는 식이니까. 즉, 어떤 의견을 내세울 때는 그것이 옳다는 믿음을 수반해야 한다. 그렇지 않다면 그건 의견도 아니다. 그런 걸 두고 체스터턴은 '불경스럽다'고 말한다.

지젝은 이러한 비판이 해체주의적 수사학에도 그대로 적용될 수 있다고 말한다. 겉보기에는 자신의 발언 위치를 상대화하면서 스스로를 낮추는 것처럼 보이지만, 한편으론 정반대로 그런 발언 위치를 특권화하기에 '불경스럽다'. 지젝은 '근본주의자'의 투쟁과 고통을 자유민주주의자의 잔잔한 평화와 비교해보라고 말한다. "자유민주주의자는 안전한 주관적인 위치에 있으면서 아이러니하게도 모든 전면적 개입을, 모든 '독단적인' 편들기를 완전히 묵살하는 것이다."(『실재의 사막』, 112쪽) 하지만 근본주의자는 한쪽 발만 적당히 담그고 있는 것이 아니라 두 발 다 담그는 것이다. 그래서 여차하면 발뺌하는 것이 아니라 자신의 개입에 대해서 책임을 진다. 하지만 자유민주주의자는 그러한 개입을 어느 한쪽 주장에 대한 '독단적인 편들기' 정도로 폄하한다.

여기서 얻을 수 있는 교훈은 무엇인가? 지젝은 어떤 요소의 이데올로기적 의미란 그 요소 자체에 있는 것이 아니라 그것이 엮어지고 전용되는 연쇄 속에 있다는 사실을 다시금 상기시킨다. '자유민주주의'라고 할 때도

124

그것은 '자유주의+민주주의'의 결합체다. 그럴 경우 '자유민주주의'의 이데 올로기적 의미는 '민주주의'와 같지 않다. 민주주의는 때로 덫이고 함정이 며 속임수다. 때문에 우리는 이런 연쇄 속에서 주인-기표 행세를 하는 '민 주주의'를 포기할 수 있는 용기를 발휘해야 한다.

> 민주주의는 오늘날의 주된 정치적 물신이며, 기본적인 사회적 적대 에 대한 부인이다. 선거 상황에서는 사회적 위계질서가 일시 중지되 며, 사회체는 숫자로 셀 수 있는 순수한 다중으로 환원되고, 여기서 적대 역시 중지된다.(『실재의 사막』, 113쪽)

"선거 상황에서 사회적 위계질서가 중지된다"는 말은 쉽게 이해될 수 있 다. 민주주의 제도하에서는 노숙자도 재벌 2세와 똑같이 한 표를 행사한 다는 것을 떠올리면 된다. 평소에 뻣뻣하던 정치인들이 유권자에게 연신 허리를 구부리고 큰절을 하는 것이 우리가 선거 시즌마다 보게 되는 풍경 이기도 하다. 엄연한 '사회적 위계질서'가 이때만큼은 일시적으로 중지되는 것이다. 그리고 이러한 상황은 일시적으로 우리가 '주인'이며 민주주의의 이념에 따라 모두가 '평등'하다는 착각을 불러일으키기 쉽다. "자본가와 노 동자의 적대적 대립 같은 것은 없다. 우리는 하나다" 같은 착각 말이다. 그 것이 사회의 기본적 적대에 대한 부인이며, 그러한 부인을 가리키는 말이 '물신fetish' 곧 '물신적 태도'다.

'사회체social body'란 사회 구성원들의 집합을 가리킨다. 그것이 셀 수 있는 '순수한 다중pure multitude'으로 환원된다는 것, 계급적 의미를 갖지 않 는 다수라는 의미의 '다중'이라면 거기엔 더 이상 적대가 작동하지 않는다. 그냥 '머릿수'만 있을 뿐이다. 지젝은 미국과 프랑스의 선거를 예로 든다. 가령 십여 년 전 미국의 루이지애나 주지사 선거에서는 KKK 단원이었던 데이비드 듀크 후보에 대한 유일한 대안이 부패한 민주당원이었다고 한다. KKK 단원을 뽑을 수는 없었으므로 차량마다 "사기꾼에게 투표하자—이 건 중요한 일이다!"라는 구호가 적힌 스티커를 붙이고 다녔다고.

2002년 5월 프랑스 대선에서도 극우파인 국민전선의 장-마리 르펜과 부패 혐의를 받고 있던 현직의 자크 시라크 대통령이 결선 투표에서 맞붙었다. 르펜에 반대하는 시위대가 써 붙인 구호가 "증오보다는 차라리 사취가 낫다!"였다(한국식 버전은 '무능력자보다는 사기꾼이 낫다!'였을까?). 이런 것이 말하자면 '민주주의의 역설'이다. 부패한 기존의 정치질서에 반대하는 모든 캠페인이 결과적으로는 포퓰리즘적 극우파로 귀결되고 마는 것이다. 지젝은 이탈리아에서 부패한 구舊정치세력을 몰아낸 '클린 핸드clean hands' 캠페인이 베를루스코니를 권좌에 앉히는 결과를 낳았고, 오스트리아에선 극우파 하이더가 '반부패'란 명분으로 자신의 권력 쟁취를 정당화했다는 사실을 지적한다. 여기서 얻을 수 있는 교훈은 무엇인가?

'정직한 민주주의'라는 개념은 환상이다. 외설적 초자아의 보충이 없는 법질서가 환상이듯이 말이다. 민주주의적 기획의 우연한 왜곡처럼 보이는 것은, 사실 민주주의 개념 그 자체에 기입되어 있다. 즉, 민주주의는 민주진창démocrassouille이다. 민주주의 정치질서는 그 본성상 부패에 빠지기 쉽다.(『실재의 사막』, 113~114쪽)

'외설적 초자아'는 지젝이 자주 쓰는 'obscene superego'를 옮긴 것이다. 모든 법질서에는 외설적 초자아가 들러붙어 있다는 의미에서, '외설적 초자아의 보충이 없는 법질서'라는 개념은 환상이다. 바로 그렇듯이 '정직한 민주주의'라는 것도 환상이다. 민주주의에는 항상 부패가 뒤따른다. 그래서 '민주진창'이다! 대안은 과연 무엇인가?

비인간적 얼굴의 자유 전사

우리도 경험적으로 아는 것이지만, 제도적 민주주의는 늘 부패를 그림자처럼 달고 다닌다. "털어서 먼지 안 나는 민주주의는 없다"라고 말해도 지나치지 않을 것이다. 이런 상황에서의 선택지는 무엇인가? "우리는 현실적인, 체념할 줄 아는 지혜의 정신으로 이 부패를 인정하고 용인할 것인가, 아니면 민주주의의 부패와 그것을 제거하려는 우파의 캠페인이라는 악순환을 깨기 위해 민주주의에 대한 좌파적 대안을 정식화할 수 있는 용기를 발휘할 것인가?"(『실재의 사막』, 114쪽) 간단히 말하면, 민주주의에서의 부패를 자연스러운 것으로 용인할 것인가, 아니면 그에 대한 좌파적 대안을 정식화할 것인가이다. 그렇다면 문제는 물론 그 '대안'이란 것을 어디서 찾느냐는 점이다.

흥미롭게도 지젝은 이 대목에서 '러시아적 동일성Russian identity' 같은 '반동적인' 개념에서 해방적 잠재성을 찾아보자고 제안한다. '러시아적 동일성' 혹은 '러시아적 정체성'이란 말은 러시아가 유럽과는 다른 독창적인 무엇인가를 갖고 있다는 관념을 바탕에 깔고 있다. 그러한 관념을 가장 잘 표현해주는 시가 표도르 츄체프(1803~1873)의 「러시아는 이성으로 이해할 수 없다」(1866)이다. 한국어 번역과 영어 번역을 나란히 제시하면 이렇다.

> 러시아는 이성으로 이해할 수 없다.
> 러시아는 보편적인 척도로 잴 수 없다.
> 러시아에는 뭔가 특별한 것이 있으니
> 러시아를 우리는 단지 믿을 수 있을 뿐이다.
> One cannot understand Russia with the mind;
> She cannot be measured with a common yardstick.
> She has a special image.
> One can only believe in Russia.

시 흉내를 내느라고 '러시아'란 두운을 맞추었는데, 내용은 간단하다. 러시아는 뭔가 특별하기 때문에 이성으로는 이해할 수 없고 다만 믿을 수 있을 뿐이라는 얘기다. 그 특이성은 러시아어에서도 발견되는데, 지젝은 서구의 한 가지 용어에 대응하는 러시아어 단어가 두 개씩 있는 사례를 든다. 하나는 일상적인 의미로 사용되고, 다른 하나는 윤리적인 의미가 가미된 '절

대적인' 의미로 쓰인다. 가령 '진실truth'에 대응하는 러시아어 단어는 '이스
티나istina'와 '프라우다Pravda' 두 가지가 있다(구소련 공산당의 기관지명이
기도 한 '프라우다'는 '프라브다'라고 읽는 게 맞지만 '프라우다'로 통용됐
기에 여기서도 그렇게 적는다). '이스티나'는 사실에 부합한다는 의미, 곧
일상적 의미의 진실이란 뜻이고, '프라우다'는 대문자 진실Truth, 곧 절대적
진실·진리를 가리킨다.

　'자유freedom'를 뜻하는 러시아어 단어도 두 가지가 있다. '스보보다svo-
boda'는 기존의 사회질서 안에서 통상적인 선택의 자유를 뜻하고, '볼랴volja'
는 좀 더 형이상학적 의미를 갖는 절대적인 충동drive으로서의 자유, 자기
파괴에까지도 이를 수 있는 자유를 말한다. 러시아인들이 유럽인들에 대
해서 통상적으로 하는 말은 이런 것이다. "너희는 '스보보다'를 가졌지만,
우리는 '볼랴'를 갖고 있다."

　'국가state'를 가리키는 말도 두 가지다. 통상적인 의미에서 행정기관
을 가리킬 때 쓰는 말은 '고수다르스트보gosudarstvo'이다. 반면에 절대적인
권력기관을 뜻할 때는 '제르자바derzhava'를 쓴다. 영어의 '지식인intellectuals'과
러시아어 '인텔리겐치아intelligentsia'의 구분도 여기에 덧붙일 수 있는데, 인텔
리겐치아는 사회 개혁의 특별한 사명에 헌신하는 식자층을 가리킨다(19세
기의 식자층은 대학 교육을 받은 정도의 지식 계급을 뜻했다). 지젝이 보
기엔 마르크스가 말하는 프롤레타리아도 같은 맥락에서 노동계급과 구별
된다. '노동계급working class'이 단순히 사회적 존재의 한 범주를 뜻한다면,
프롤레타리아는 '진정한 혁명 주체'를 가리키기 때문이다.

　알랭 바디우의 '존재'와 '사건'도 마찬가지의 구분법을 보여주는데, 지
젝은 이것을 러시아어 개념쌍에 적용한다. 그런 경우 '프라우다'는 '진리의
사건'이고, '볼랴'는 '자유의 사건'이다. '이스티나'와 '프라우다'가 일치하리
라는 존재론적 보장은 없다. 그 사이엔 틈새가 있다. 그 틈새를 표시하는
러시아어 단어에 '아보스awos'가 있다. 사전적 의미는 '아마도'이지만, '우리
의 운에 따르는on our luck' 어떤 것을 가리킨다. 레닌이 자주 인용한 나폴레
옹의 말로는 "우리는 공격하고, 그 다음에 우리는 보게 될 것이다on attaque,

et puis on verra"가 이에 해당하는 표현이다. "이 표현의 흥미로운 특징은 위험을 무릅쓰는 적극적인 태도인 의지주의voluntarism에 보다 근본적인 숙명론을 결합시킨다는 점이다. 일단 행동하고, 뛰어들고, 그다음에 일이 잘되기를 희망하는 것이다……."(『실재의 사막』, 116쪽) 나폴레옹-레닌의 문구는 그러한 의지주의와 근본적인 숙명론의 결합이라는 것이다. 지젝은 이러한 결합에서 오늘날 우리에게 필요한 태도를 읽는다.

> 오늘날 전 세계적 '자발적 이데올로기'의 두 얼굴인 서양의 공리주의적 실용주의와 동양의 숙명론 사이에서 분열되어 있는 우리에게 필요한 것이 바로 이런 자세라면 어떨까?(『실재의 사막』, 116쪽)

서양의 공리주의적 실용주의와 동양의 숙명론 사이에서 분열돼 있는 것처럼 보이는 오늘날 우리에게 필요한 자세는 의지주의와 숙명론의 그러한 결합이라는 얘기다.

지젝이 드는 사례 정확히 반대되는 예는 네덜란드의 우파 포퓰리스트 정치인 핌 포르튄의 죽음이다. 그는 2002년 5월 초, 자신이 20퍼센트 정도 득표할 것으로 예상된 선거 2주일 전에 살해됐는데, 지젝은 이 죽음이 그가 우파 포퓰리스트이면서 동시에 개인적으론 매우 관용적인 자유주의자였다는 점에서 징후적이라고 본다. 우파 포퓰리즘과 자유주의적 정치적 올바름의 체현자였던 그의 죽음은 그러한 결합의 곤경으로도 읽을 수 있다는 점에서 그렇다. 그렇다면 우리의 선택은?

> 그러니 우리는 불운한 포르튄의 정반대를, 즉 인간의 얼굴을 한 파시스트가 아니라 비인간적인 얼굴을 한 자유의 전사를 지향하려 노력해야 하지 않을까?(『실재의 사막』, 117쪽)

요컨대 '인간의 얼굴을 한 파시스트'가 아니라 '비인간적인 얼굴을 한 자유 전사'가 지향되어야 한다는 것이 지젝의 주장이다.

8장

호모 서케르에서 호모 사케르로

사생활의 보호

이제『실재의 사막』의 4장으로 넘어갈 차례다. '호모 사케르'는 물론 아감
벤의 저작『호모 사케르』[45]와 그 일련의 연작을 통해서 통용되게 된 용어
다('호모 서케르'에 대해서는 7장 참조).

    서두에서 지젝은 서방의 '테러와의 전쟁war on terrorism'이 갖는 문제점
을 체스터턴의『정통신앙』의 마지막 페이지들을 참고하여 비판한다. 이들
이 빠진 곤경(교착 상태)을 체스터턴이 신랄하게 몰아붙였다는 얘기다.

> 그런 비판자들은 우선 종교가 인간의 자유를 위협하는 억압의 세력
> 이라는 비난으로 시작한다. 그러나 종교와 싸우는 과정에서 그들은
> 자유 그 자체를 버릴 수밖에 없게 되며, 그리하여 자신들이 지키고자
> 했던 바로 그것을 희생하게 된다. 종교에 대한 무신론자의 이론적·
> 실천적 거부로 인한 궁극적 희생자는 종교가 아니라(종교는 전혀 동
> 요하지 않고 제 삶을 이어갈 뿐이다), 정작 종교에 의해 위협받는다
> 던 자유가 된다. 종교적인 참조점을 잃어버린 급진적 무신론자의 세
> 계는 평등주의적 공포와 폭정이 지배하는 음울한 세계다.(『실재의 사
> 막』, 121~122쪽)

'종교와 싸우는in fighting religion' 무신론자들은 종교가 자유를 억압한다는 명
분으로 종교와 투쟁하지만, 정작 그 과정에서 그들의 자유를 잃게 된다는
것이다. 이것이 체스터턴이 말하는 무신론의 역설이다. 테러와의 전쟁 역

---

45   조르조 아감벤,『호모 사케르』, 박진우 옮김, 새물결, 2008.

시 자유를 수호한다는 명분으로 개시됐지만, 알다시피 그 과정에서 희생물이 된 것은 미국을 비롯한 서방 세계의 시민적 자유였다.

가령, 테러 용의자를 색출한다는 명분으로 강화된 공항 검색과 알몸 스캔 검색대 같은 것을 예로 들 수 있을 것이다. 지난 2010년 11월, 미국의 한 시민 단체가 추수감사절 전날인 24일을 '전국 알몸 스캔 거부의 날'로 지정하고 대규모 시위에 나선 예는 과연 테러와의 전쟁에서 무엇이 위험에 처했는지를 역설적으로 보여준다. 자유를 위한 전쟁의 희생물이 자유라는 역설이다.

알몸 스캔 거부 운동 참여자들은 공항 검색대에서 검색을 받을 때 스캐너 검색을 거부하고 그 대신 경찰 입회하에 몸수색을 받는 방식으로 보안 검색을 변경할 것을 요구한다. 하지만 몸수색은 과연 안전하며 덜 위협적인가? 미국 교통보안청TSA의 알몸 스캔의 부당성을 고발하는 동영상 패러디에는 이런 내용이 포함돼 있다.

총 6분 15초짜리 이 비디오의 중반부에 이르면 "어떤 검색을 받게 되느냐"는 여성의 질문에 "보안 요원은 당신의 엉덩이 사이로 손을 넣어 더듬을 수도 있다"는 뻔뻔스런 성적 모욕을 서슴지 않는 보안 요원의 말까지 나온다. 여성 승객이 "왜 이것을 하느냐"라고 묻자 교통보안청 보안 요원은 "더 기분 좋은 여행을 위해서"라고 말해 스스로 모순을 드러낸다. "성적 학대를 당할지 모르니 녹음해도 되겠느냐"라고 묻자 보안 요원은 "이를 기록하면 체포당할 수 있다"라고 협박한다. 심지어 이 보안 요원은 "당신은 강간당한다고 주장하는 테러리스트일 수도 있다"라고 억지 주장을 펴기까지 한다. 결국 이 여성이 "기차를 타고 가겠다"고 하자 "검사를 거부하면 1000달러를 내야 한다"고 말한다. 비행기를 타지 않았어도 일단 공항에 들어온 이상 검사를 거부하면 1000달러를 내야 한다는 규정을 꼬집은 것이다. 보안 요원은 돈이 없다는 여성에게 "교통보안청 보안 담당자로 취직하면 된다"고 한다.[46]

체스터턴의 역설을 이어받자면, "'테러리스트'들이 타인에 대한 사랑 때문에 이 세상을 파괴할 준비가 되어 있다고 한다면, 테러와 싸우는 우리의 전사들은 무슬림 타자에 대한 증오 때문에 자신들의 민주주의 세계를 파괴할 준비가 되어 있다."(『실재의 사막』, 123쪽) 인간의 존엄성을 너무도 사랑하기에 그를 지키기 위해서는 고문도 합법화할 준비가 돼 있다고 주장하는 논객들의 태도 또한 이러한 역설의 사례다. 더불어, 이데올로기의 시대는 종언을 고했으며 세상을 바꾸려는 대신에 우리 자신의 삶이나 바꾸자는 태도도 마찬가지다. 지젝은 이런 경우에도 비판 이론의 오래된 교훈을 상기시켜줄 뿐이라고 말한다. 어떤 교훈인가?

> 우리가 도구적인/대상화된 '소외된' 공적 교환의 습격에 맞서기 위해 진정으로 친밀한 사생활의 영역을 보호하려 노력한다면, 정작 완전히 대상화되고 '상품화되는' 영역이 되고 마는 건 사생활 그 자체라는 점이다. 사생활로 철수한다는 것은 최근의 문화산업이 선전하는 사적인 진정성의 공식들을 채택하는 일을 의미한다. 정신적 계발을 위한 강좌를 수강하고 최신 문화적 유행 및 기타 유행을 따르는 일에서부터, 조깅과 보디빌딩에 이르기까지 말이다.(『실재의 사막』, 124쪽)

인용문의 요점은 무엇이든 교환의 대상이 되는 무자비한 공적 교환 체계로부터 사생활을 보호하기 위해서 우리가 '사생활로 철수'할 때, 정작 희생되는 것은 사생활 자체라는 것이다. 오늘날 사적인 진정성은 자기 계발을 위한 강좌들의 수강에서부터 조깅과 보디빌딩에 이르기까지 철저하게 '상품화'돼 있기 때문이다. 덧붙여, 당신만의 안락과 편의를 제공하겠다는 아파트 광고들도 떠올려볼 수 있다. "사생활로의 철수가 갖는 궁극적인 진실은 텔레비전 쇼에서 행해지는 내밀한 비밀의 공개적인 자백이다"라는 지젝도 우리에겐 낯설지 않다. 갖은 고백과 사생활의 폭로가 매일같이 뉴스거리가 되고 있는 것이 우리의 현실이 아닌가. 자유민주주의 사회가 개인의

46   이재구, '美 알몸검색 반대운동 '들불처럼' 확산', 지디넷코리아, 2010년 11월 24일.

132

존엄성이 존중되고 사생활의 비밀이 보호되는 사회라는 말은 그저 이데올로기적인 구호에 불과한 것인가.

이러한 역설에 대처하는 방법은 무엇인가. 지젝은 상품화의 속박에서 탈출할 유일한 방법은 '새로운 집단성의 창조'에 있다는 점을 강조한다. 그가 예로 드는 것은 『연인L'Amant』의 작가 마르그리트 뒤라스의 소설들이다.

우리가 오늘날 강조해야 하는 것은, '소외된' 상품화의 속박에서 탈출하는 유일한 방법은 새로운 집단성을 창조하는 것이란 점이다. 마르그리트 뒤라스 소설이 보여주는 교훈은 그 어느 때보다도 오늘날 적절히 들어맞는다. 강렬하고 충만한 개인적(성적) 관계를 갖는 방법—유일한 방법—은 연인이 주변 세상을 잊고 서로의 눈을 들여다보는 것이 아니라, 손을 맞잡고 함께 바깥을, 제3의 지점(두 사람이 함께 투쟁하며, 두 사람이 함께 몸담은 대의)을 바라보는 것이다.(『실재의 사막』, 124쪽)

"주변 세상을 잊고 서로의 눈을 들여다보는" 사랑은 〈파리에서의 마지막 탱고Ultimo Tango a Parigi〉(1972) 같은 영화도 떠올려준다. 영화에서 밀실의 사랑은 대의the cause를 상실한 무력감의 탈출구가 될 수 없었다. 진정한 사랑을 위해 필요한 것은 '제3의 지점'이다.

텅 빈 주체

'전 세계적인 주체화global subjectivization'의 역설에서부터 시작해보자. 다른 게 아니다. 그러한 주체화의 결과로 '객관적 현실objective reality'이 사라지는 것이 아니라 주체성 그 자체가 사라지고 만다는 것이다. 이 경우 '사회적 현실'은 제 갈 길을 간다. 지젝은 이러한 역설의 참고 사례로 조지 오웰의 『1984』에 나오는 한 장면을 든다.

여기서는 빅 브라더의 존재를 의심하는 윈스턴 스미스에게 심문자가
했던 유명한 대답("존재하지 않는 것은 바로 당신이오!")을 살짝 바
꿔 답하고 싶은 충동이 든다. 이데올로기적 대타자의 존재에 대한 포
스트모던적 의심에 해줘야 할 적절한 대답은 '존재하지 않는 건 주체
그 자체야'이다…….(『실재의 사막』, 124~125쪽)

약간 변형시켜서 지젝은 오늘날 빅브라더와 같은 '이데올로기적 대타
자ideological big other'의 존재를 부인하는 포스트모던적 의심에 대한 대꾸로
이렇게 말해주고 싶다는 것이다. "존재하지 않는 것은 바로 주체야!"
　　지젝이 드는 또 다른 사례는 오늘날의 가장 전형적인 삶의 태도 또는
자세를 보여주는 베스트셀러들이다. "내면으로부터 당신의 삶을 창조해나
가는 방법"을 가르쳐주는 필립 맥그로의 『자아』 같은 책이 대표적인데, 맥
그로는 〈오프라 윈프리 쇼〉의 '당신의 인생을 바꿔라' 코너에서 인생 상담
을 해주면서 큰 인기를 끈 저자라 한다. 이런 프로그램에서 강조하는 것은
'진정한 자아' 찾기이다. 지젝은 『자아』의 논리적 보충항이 『완전히 사라지
는 방법』 같은 책이라고 말한다. "자신의 이전 존재의 모든 흔적을 지워버
리고 자기 자신을 완전히 재창조할 수 있는 방법에 관한 안내서", 말하자
면 '완벽하게 사라지는 방법' 매뉴얼이다. 자아와 망아忘我의 문제라면 뭔가
불교적인, 더 직접적으로는 선禪불교적인 주제 아닌가. 지젝도 곧바로 이
선의 문제를 다룬다.

진정한 선Zen과 그 서양 버전 사이의 차이점을 발견하게 되는 지점이
여기다. 선의 진정한 위대함은 그것이 '진정한 자아' 속으로 가는 '내
면의 여행'으로 환원될 수 없다는 것이다. 그 반대로 선 명상의 목표
는 자아를 완전히 비우는 것이며, 발견할 '자아'와 '내면의 진실'은 없
다는 점을 인정하는 것이다.(『실재의 사막』, 125쪽)

즉 '진정한 자아 찾기'는 선과 무관하다. 오히려 진정한 선사禪師들은 자유

영화 〈1984〉의 한 장면. 모든 것이 통제되는 사회에 대한 통찰을 드러낸다.

란 자기를 잊고 원초적 공空과 결합하는 데 있다고 가르쳤다. 지젝은 이러한 태도가 군사적 충성심과 동일하다고 말한다. 자신의 자아나 이해관계에 대한 고려 없이 무조건으로 명령에 따르고 의무를 수행하는 태도라는 점에서 그렇다. 맹목적으로 복종하는 군인의 태도를 꼭두각시와 같다고 비판하지만, 그것은 선의 깨달음과 일치한다. 알튀세르의 용어를 사용하자면, 주체라는 호명 행위에 대해서 아무런 의심이나 주저함 없이 바로 그 역할을 받아들이는(수임하는) 것과 마찬가지다. 지젝은 이시하라 스미오의 말을 재인용하고 있는데, 이 대목은 『죽은 신을 위하여』에서도 인용되고 있다.

> 선은 마음을 멈추지 않을 필요성에 대해 매우 까다롭다. 부싯돌을 부딪치자마자 불꽃이 솟아난다. 이 두 사건 사이에는 아주 순식간의 시간차도 없다. 만일 오른쪽을 보라는 명령을 받으면, 그저 번갯불의 번쩍임처럼 재빠르게 바로 오른쪽을 본다. ……예를 들어 '우에몬' 하고 자기 이름이 불린다면 그저 '예'라고 대답해야 하며, 왜 자기 이름이 불렸는지 그 이유를 생각하려 멈춰서는 안 된다. ……죽으라는 명령을 받는다면, 조금도 동요해서는 안 된다고 생각한다.(『실재의 사막』, 126쪽 ; 『죽은 신을 위하여』, 49쪽)

선에서의 자기 발견이란 공의 발견이라는 점에서 '진정한 자아 찾기'와 구별된다. '내적 여행' 혹은 자기 내면으로의 여정이 궁극적으로 발견하게 되는 것은 '주체성의 텅 비어 있음the void of subjectivity'이다. 그러한 여정의 끝에 이르러 봉착하는 일은 그러한 완전한 탈주체화desubjectivization를 떠맡는 것이다. 그런 점에서 "서양의 불교가 받아들일 준비가 되어 있지 않은 것은 '자아 속으로의 여행'의 궁극적 희생자는 자아 자체라는 것이다."(『실재의 사막』, 127쪽)

이러한 교훈은 더 일반화될 수 있다. 아도르노와 호르크하이머의 『계몽의 변증법Dialektik der Aufklaerung』에 적용해보자면, "실증주의의 최종적 희생물은 혼란스런 형이상학적 개념들이 아니라 사실들 그 자체이다. 세속화의 철저한 추구, 우리의 세속적 삶으로의 전환은 삶 그 자체를 '추상적인' 핏기 없는 삶의 과정으로 변화시킨다."(『실재의 사막』, 127쪽) '빈혈 과정'이란 '핏기 없는 삶의 과정'을 뜻한다. 정신적 초월성을 말끔하게 제거한 사드Sade식 성이 진정한 관능을 상실한 기계적 운동으로 변모하는 것과 마찬가지다(이런 경우 성행위는 기구나 기계를 이용한 인위적인 자극 행동과 구별되지 않는다). 지젝은 이와 유사한 반전이 오늘날 니체 식의 말인, 즉 '최후의 인간'에게도 그대로 적용되지 않느냐고 묻는다. 오늘날 이 '말인'들이 봉착한 교착상태, 그들의 딜레마는 무엇인가? 우리의 경우라면 '대한민국 0.1%'의 삶을 지향하지만, 자신을 특별한 존재로, 자신의 삶을 특별한 삶으로 '증류'해내는 과정에서 점차 삶의 직접성과 실감을 상실하는 것은 아닌가.

모든 '더 높은' 목표들을 테러리스트적인 것이라며 거부하고 자신들의 삶을 생존에만 바치는, 점점 더 정교해지며 인공적으로 일으킨/유발된 것이 되어가는 소소한 쾌락으로 가득 찬 삶에만 바치는 포스트모던적 개인들 말이다.(『실재의 사막』, 127쪽)

이데올로기, 또는 이데올로기적 대의가 종언을 고한 시대는 '동물화하는 포스트모던'의 시대이기도 하다. 즐거움을 얻기 위해선 '놀이공원'에 가고, 뭔가를 경험하기 위해선 '체험전'에 가야 하는 시대다. 이토록 즐거운 삶에서는 사도 바울의 질문을 제기할 수밖에 없다. "오늘날 누가 진정으로 살아 있는가?"

만약 우리가 '단순한 삶mere life'을 넘어서는 과도한 강렬함의 체험을 통해서만 진정 살아 있는 거라면? 단지 생존해 있다는 사실에만 초점을 맞출 때, 비록 그것이 '좋은 시간을 보내는 것having a good time'이라 하더라도 우리가 궁극적으로 삶 자체를 잃어버리는 거라면 조금 더 자세히 따져보기로 한다.

단순한 삶

지젝은 이데올로기의 허위적인 종언 이후의 '단순한 삶mere life'을 '진정한 삶real life'과 대비시킨다. '단순한 삶'은 '간소한 삶simple life'이 아니라 '그저 그런 삶'이다. 자신의 삶에 아무런 일도 일어나지 않기를 소망하는 삶이며, 자신의 기득권이 아무 탈 없이 그대로 자자손손 보존되기를 매주 기도하는 삶이다. 그것의 정치적 버전이 자유민주주의인바, 지젝이 보기에 자유민주주의의 최대 관심사는 아무 일도 일어나지 않는 것이며, 무슨 일이 일어나더라도 곧 아무 일도 없었던 것처럼 무마하는 것이다. 그래서 "자유민주주의는 무사건의 당이다Liberal democracy is the party of non-Event."(『실재의 사막』, 210쪽)

그러한 '그저 그런 삶'의 경제적 버전은 '아무 일 없는 삶'(흔히 '여유로운 삶'이라고 말하는 것)이고, 열심히 일했다고 저 혼자 '떠나는 삶'이며, 무료한 삶을 명품 브랜드들로 치장하느라 등골이 빠지는 '럭셔리한 삶luxurious life'이다(이상은 지젝의 용어들이 아니다). 그런 식으로, 본질적으로 아무런 이벤트도 없는 삶을 끊임없이 이벤트화하고 스펙터클화하기 위해 난리법석을 떠는 것이 포스트모던한 후기 자본주의의 삶이다. 하지만 이런 단순한 삶을 넘어서는 자리에서라야 우리가 진짜 살아 있는 거라면? 지젝의 질문은 이렇다.

> 스스로를(그리고 다른 이들을) 폭파하려는 순간에 놓인 팔레스타인 자살 폭탄 공격자가, 컴퓨터 화면 앞에서 수백 마일 떨어진 곳에 있는 적과 전쟁을 벌이는 미국 군인이나 체형 유지를 위해 허드슨 강변에서 조깅을 하는 뉴욕 여피보다 강력한 의미로 '더욱 살아 있다'면 어떤가?(『실재의 사막』, 128쪽)

이러한 대비는 신경증 환자와 정치적 노선에서도 식별된다. 가령 자신의 존재에 대해서 끊임없이 과도한 질문을 해대는 히스테리 환자는 '죽음 속에서의 삶life in death', 어떠한 과잉도 경계하며 '죽어지내는 삶'의 모델 자체

영화 〈이보다 더 좋을 순 없다〉의 한 장면. 소설가 멜빈(잭 니콜슨)은
캐롤(헬렌 헌트)을 만나 비로소 '죽음 속에서의 삶'에서 벗어난다.

인 강박증 환자의 삶보다 훨씬 더 생기 넘치는 삶이다. 곧 '살아 있는 삶'이고 '삶다운 삶'이다. 강박증 환자의 삶이란 '무슨 일thing'이 일어나지 않도록 강박적인 주의를 기울이는 삶이다.

지젝이 들고 있는 사례는 아니지만, 예컨대 제임스 브룩스의 영화 〈이보다 더 좋은 순 없다As Good As It Gets〉(1998)에서 잭 니콜슨이 분한 중년의 강박증 소설가 멜빈 유달은 어떤가. 남에게 독설이나 퍼붓는 것이 습성이자 유일한 낙인 것 같은 이 사내는 불 켤 때 다섯 번 껐다 켰다 하기를 반복하고, 손을 씻을 때는 화상을 입을 만큼 뜨거운 물을 쓴다. 한 번 씻을 때마다 비누 두 개를 쓰고 한번 쓴 비누는 또 곧장 쓰레기통에 버린다. 보도블록 사이의 틈은 절대로 밟지 않으려고 하기 때문에 작은 사이즈의 보도블록이 깔린 길이 나타나면 돌아서 간다. 사람들과의 신체 접촉을 병적으로 기피하는 그는 식사도 같은 식당, 같은 자리에서만 하고, 식당 식기를 쓰지 않으며 항상 자신의 일회용 스푼, 포크, 나이프를 지퍼백에 넣어 다닌다. 하지만 그가 그토록 기피하는 그 '무슨 일'이야말로 삶 자체의 과잉이면서 살아 있음의 표지 아닌가. 바로 그런 의미에서 강박증 환자의 삶은 죽은 삶이며 죽어지내는 삶이다. 그가 아무리 대단한 독설가라 하더라도.

다행히 멜빈의 경우엔 옆집 동성애자의 강아지와 웨이트리스 캐롤(헬렌 헌트)에게 마음을 열기 시작하면서 병증이 조금씩 치료된다. 문 잠그는 것도 깜빡하고, 자잘한 보도블록도 밟고, 끔찍하게 싫어하던 약도 먹기 시작한다. 그리고 캐롤에겐 "당신은 나를 더 나은 사람이 되고 싶게 해"라고 말한다. 그가 '이보다 더 좋을 순 없는 삶'을 살게 되는 건 그렇게 '죽음 속에서의 삶'에서 벗어나 삶 자체의 어떤 과잉을 수용하면서부터다.

지젝은 레닌주의와 스탈린주의를 가르는 차이도 바로 이러한 '삶'과 '죽음' 사이의 차이가 아닌가라고 말한다. 어째서 그런가?

스탈린주의 공산주의자의 기본적 태도는 '우익'이나 '좌익'으로의 일탈을 지양하며 정확한 당의 노선을 따르는 것이다. 한마디로 안전한 중간노선을 나아가는 것이다. 이와 뚜렷이 대조적으로, 진정한 레닌주의에서 궁극적으로 유일한 일탈은 중도파 노선을 취하는 것이다. 즉 명확하고 과도한 '편들기'의 위험을 기회주의적으로 회피하며 '안전하게 가는' 태도이다.(『실재의 사막』, 128쪽)

즉 스탈린주의가 좌우 양쪽 일탈에 거리를 두면서 '안전한 중간 노선'을 취했다면(이것이 기회주의다), 레닌주의의 관점에서 볼 때 위험을 감수하지 않는 그런 중간 노선이야말로 유일하게 일탈적인 노선이다.

소련의 정책이 '전시 공산주의'에서 1921년 '신경제정책'으로 갑자기 변화한 것은 '심원한 역사적 필연성' 때문이 아니었다. 이는 좌익과 우익을 오가는 필사적인 전략적 좌충우돌에 불과했으며 레닌이 1922년 했던 말을 빌리자면 볼셰비키파가 '저지를 수 있는 실수는 모두' 저질러놓은 것이었다.(『실재의 사막』, 128~129쪽)

10월 혁명 이후 볼셰비키가 '전시 공산주의'(좌익 노선)와 '신경제 정책'(우익 노선)을 왔다 갔다 한 것은 무슨 '심원한 역사적 필연성' 때문이 아니라 전략적인 좌충우돌의 산물이자 실수였다는 것. 하지만 그런 불균형한 지그재그 노선이 궁극적으론 (혁명적인 정치적) 삶 자체이다. "레닌주의자에게 있어서 반혁명적 우익의 궁극적인 이름이 바로 '중도파'로서, 사회 체제에 근본적인 불균형을 개입시키는 일에 대한 두려움이다." 즉 과감한 결단을 미루는 중도 노선이야말로 '반혁명' 노선이라는 얘기다.

이러한 사례들에서 얻을 수 있는 결론은 무엇인가? "따라서 모든 초월적 대의에 반대하여 삶 자체를 최고의 가치로 내세우는 이 분명한 주장의 가장 큰 패배자가 실제의 삶actual life 그 자체라는 것은 완전히 니체적인 역설이다." 즉 '잃어버려도 좋은' 대의cause라고 생각하기 쉽지만, 우리는 그 대의와 함께 '실제의 삶'도 잃어버리게 된다는 것이 니체적 역설이다.

9장   과잉 없는 삶의 공허

최후의 인간

"삶을 '살 만한 가치가 있게' 만들어주는 것은 바로 삶의 과잉이며, 기꺼이
생명을 걸 수도 있는 무엇인가가 있다는 자각이다. (이 과잉은 '자유', '명예',
'존엄성', '자율성' 등으로 부를 수 있다.) 이런 위험을 무릅쓸 준비가 되어
있을 때만 우리는 진정으로 살아 있는 것이다."(『실재의 사막』, 129쪽)에서
다시 시작해보자. 뭔가 떠오르는 바가 없으신지? 혹 충무공 어록에 나오는
"생즉사 사즉생生即死 死即生"은 어떤가? '저만 살려고 하는 자는 죽을 것이고,
죽기를 각오하는 자는 살 것이다.' 보통 그렇게 새기는 말씀이다. 병사들을
격려하고 독려하는 장군의 결기가 느껴진다. 거기서 '죽기를 각오하기'가
'삶의 과잉'이다. 삶을 내거는 위험을 무릅쓰는 것이니 '과잉'일 수밖에 없
다. 하지만 그런 과잉이 없다면, 우리는 진정 살아 있는 게 아닐뿐더러 삶
자체를 잃어버리게 될 것이다. 저만 살려고 하는 자들처럼. 충무공의 어록
을 '용기의 역설'로 읽는다면, 지젝이 참조하는 체스터턴의 말과 일맥상통
한다.

> 적에게 포위당한 병사가 탈출하고자 한다면, 살고자 하는 강렬한 욕
> 망에 죽음에 대한 이상한 무심함을 결합시켜야 한다. 단지 삶에만 매
> 달려서는 안 된다. 그러면 겁쟁이가 되고 탈출하지 못할 것이기 때문
> 이다. 그저 죽음을 기다려서도 안 된다. 그러면 자살자가 되고 탈출
> 하지 못할 것이기 때문이다. 그는 삶에 대한 격렬한 무심함의 정신으
> 로 삶을 추구해야 한다. 삶을 물처럼 욕망해야 하지만 죽음을 포도
> 주처럼 마셔야 한다.(『실재의 사막』, 129쪽)

이 인용에 덧붙인 지젝의 설명은 이렇다. 말인들의 '탈형이상학적'인 생존

주의적 입장은 결국, 핏기 없는 삶의 광경이 그런 삶 자세의 그림자처럼 오래 지속되는 결과로 끝난다. 앞서도 나왔기 때문에 '말인'은 따로 강조돼 있지 않은데, 니체가 말하는 '최후의 인간'을 가리킨다. 루쉰魯迅이 이것을 '말인末人'이라고 옮겼는데, '초인'에 대응하는 말로는 더 유력해 보인다. 『차라투스트라는 이렇게 말했다』에서 니체가 보여주는 '말인'은 어떤 모습이었나?

> "사랑이 무엇인가? 창조가 무엇인가? 동경이 무엇인가? 별이 무엇인가"—최후의 인간은 이렇게 묻고서 눈을 껌벅인다. 그 순간 대지는 작아지고, 대지 위에는 모든 것을 작아지게 만드는 최후의 인간이 뛰어다닐 것이다. 그 종족은 벼룩처럼 뿌리 뽑기 어려워서, 최후의 인간은 가장 오랫동안 살아남을 것이다. "우리는 행복을 고안해냈다."—최후의 인간은 이렇게 말하고 눈을 껌벅인다.[47]

사랑이 무엇이고 창조가 무엇이며 동경이 무엇인가를 질문하는 '최후의 인간'이 바로 '형이상학 이후post-metaphysical'의 인간이다. '형이상학'이란 말 그대로 우리에게 주어진 것 '너머'에 대한 관심이고 동경이다. 그 형이상학적 관심은 주로 '그것은 무엇인가?What is it?'라는 질문 형식으로 표현돼왔다. '사랑이 무엇인가? 창조가 무엇인가? 동경이 무엇인가? 별이 무엇인가?' 같은 식의 물음이다. 요점은 이런 물음을 최후의 인간도 던진다는 게 아니라 이런 물음을 던지면서 그가 '눈을 껌벅인다'는 데 있다. 그건 그 물음들 자체가 왜 존재하며 또 필요한지 이해할 수 없다는 껌벅임이다.

그런 껌벅임과 함께 "대지는 작아진다"고 니체는 적었다. 세상에 궁금한 게 없으니 대지도 작아질 수밖에. 요컨대, '최후의 인간'은 '눈을 껌벅이는 인간'이다. 이 '눈을 껌벅이는 인간'의 장기는 생존이다. 그들은 '생존주의'를 섬긴다("개똥밭에 굴러도 이승이 낫다"는 게 생존주의의 표어다. 이 표어는 어떠한 대의도 부정하는 한국식 허무주의를 집약하고 있지 않은지?). 그래서 결국은 벼룩만큼이나 오래 살아남을지도 모른다. 물론 이때의 삶은 '벼룩 같은 삶'이며 '산 것 같지 않은 삶', 곧 '죽음 속의 삶'이다. 하지만 '눈을 껌벅이는 인간'은 그게 또 '행복'이라고 믿을지도 모른다. 이때의 행복은 '저만 살려고 하는 자'의 행복이다.

다시 지젝으로 돌아오면, "우리가 사형 제도에 관한 오늘날 고조되고 있는 폐지 운동을 이해하는 것은 이런 지평에서다. 우리는 이런 폐기를 지지하는 숨겨진 '생체정치biopolitics'를 분간할 수 있어야 한다." 지젝은 사형제 폐지에 반대하는 쪽인데, 그것은 국가가 그런 처벌권을 가질 수 있다고 동의해서가 아니라 생명이 최고의 가치라는 '생체정치'적 관점에 반대해서다. '생명보다 더 소중한 것은 없다'는 믿음은 '그러므로 생명은 관리돼야 한다'는 주장으로 귀결된다. 그렇게 해서 탄생하는 것이 생명을 관리하고 통제하는 '생명 관리 권력bio-power'이다. 그렇게 관리·통제되는 삶은 어떤 모습의 삶인가?

> '생명의 신성함'을 주장하며 그것에 기생하는 초월적 힘들의 위협으로부터 생명을 수호하려는 이들은 결국 '우리가 고통 없이, 안전하게, 그리고 지루하게 살아가게 될 관리된 세상'으로 귀결하게 된다. 그 공식적 목표인 '오래 사는 즐거운 삶'을 위해 모든 실제 쾌락이 금지되거나 엄격하게 통제되는(흡연, 마약, 음식 등) 세상으로 말이다.(『실재의 사막』, 130쪽)

그러한 '초월적 힘'에 대항하여 생명의 지고성을 옹호하고자 할 때 우리가 봉착하게 되는 것은 어떠한 위협이나 위험, 모험으로부터도 '면제된' 삶이다. 혹은 면역된 삶. '장수하고 유쾌한 삶a long and pleasurable life'을 위해서 흡연, 마약, 음식 등은 모두 엄격하게 금지되거나 통제돼야 한다. 이른바 '웰

---

47   프리드리히 니체, 『차라투스트라는 이렇게 말했다』, 홍성광 옮김, 펭귄클래식코리아, 2009, 63쪽.

빙well-being'의 삶이다. 우리말로 '참살이'라고도 옮기는데, 절반 정도만 동의할 수 있다. '참'이 일반적으로는 'real'의 번역이기도 하다면, '웰'과 '참'은 서로 모순적이고 대립적이지 않을까. 하지만 '빙'의 번역어로 '살이'는 어울리는 듯싶다. '삶'이 아닌 '살이'. 명사 '삶'처럼 독립적이지 않고 접사로서만 기생하는 '살이'.

> 스필버그의 〈라이언 일병 구하기〉는 죽음에 대한 이런 생존주의적 태도를 보여주는 최근 사례다. 〈라이언 일병 구하기〉는 전쟁을 그 무 엇으로도 정당화할 수 없는 무의미한 학살이라 그려냄으로써 전쟁을 '탈신화화'했다. 그렇기에 이 영화는 콜린 파월의 '사상자 없는 전쟁' 이라는 군사정책을 가장 잘 정당화하는 사례가 된다.(『실재의 사막』, 130쪽)

물론 '최근'이라고 하기엔 좀 오래된 사례이긴 하지만 〈라이언 일병 구하기〉(1998)는 전쟁이 무의미한 학살일 뿐이라는 관점을 내비침으로써 전쟁에 관한 신화를 벗겨냈다는 것이다. 곧 전쟁에서 숭고한 죽음 따위는 없다는 것. 그리고 여기에 상응하는 것이 미국의 전 국무장관 콜린 파월의 군사 독트린이다. 미국이 해외 분쟁에 개입할 경우 '압도적인 군사력'을 동원해 최단 기간에 문제를 해결함으로써 아군 희생을 최소화해야 한다는 것이 그의 독트린이었다. 하지만 적군은? 파월의 독트린은 '저만 살려고 하는 자'의 운명을 피해갈 수 있을까?

생체정치

'생체정치'는 'biopolitics'의 번역어로, 국내에선 '생명정치', '삶정치' 등으로 번역되기도 한다. 이제 이어지는 것은 이 생체정치의 변화와 실상이다. 지젝은 대테러 전쟁과 관련하여 두 가지 태도를 구분해야 한다고 말한다. 하나는 명백하게 인종 차별적인 '기독교 근본주의'다. 그 목표는 서양 문명을 무슬림의 위협으로부터 방어하는 것이다. 그리고 다른 하나는 '테러와의 전쟁war on terrorism'의 관용적 자유주의 버전이다. 이것이 의도하는 바는 근본주의의 위협으로부터 무슬림들 자신을 보호하는 것이다. 서양을 무슬림 문명으로부터 방어하는 것과 무슬림을 무슬림 근본주의로부터 보호하는 것, 이 두 가지가 서로 다르다는 점은 분명하다. 하지만 이 차이만큼 중요한 것이 그들 간의 공통점이라고 지젝은 지적한다. 둘 다 '자기 파괴적 변증법'에 사로잡혀 있다는 것. 자기 파괴의 변증법이란, 삶에 위협적인 모든 것을 통제하려는 시도가 결국엔 진정한 삶 자체를 제거하는 결과를 낳는다는 것을 가리킨다. 도끼로 제 발등 찍기 같은 것이다.

　　두 가지 태도가 있다고 했는데, 이것은 공시적일 뿐만 아니라 통시적이기도 하다. '기독교 근본주의'에서 '관용적 자유주의'로 변화해왔다는 말이다. 이것이 말하자면 생체정치의 물밑 변화underlying shift이다. 몇 가지 정치적 발언, 혹은 프로이트적 실언(말실수)은 이런 배경 아래 살펴볼 수 있다고 말한다. 실언의 대표 주자는 미국의 전 국방장관 럼스펠드다. 그는 미국의 아프가니스탄 폭격의 목표가 무엇이냐는 기자들의 질문에 이렇게 답했다고 한다. "음, 그건 가능하면 많은 수의 탈레반 병사들과 알카에다 요원들을 죽이는 겁니다." 당연한 것인가? 뭔가 이상하지 않은가? 왜냐하면 "군사작전의 정상적인 목표는 전쟁에서 이기고, 적을 항복시키는 것이며, 대량 파괴조차도 궁극적으로는 이런 목적의 한 가지 수단"에 불과한 것이기 때문이다. 즉 전쟁의 목표는 승리에 있는 것이지, 대량 살상에 있지 않다. 그러니 럼스펠드의 발언은 적어도 '공식석상'에서는 수용하기 곤란한 '솔직한' 발언이다.

　　럼스펠드의 솔직한 발언의 문제점은, 관타나모 수용소의 아프가니스탄 포로들이 처한 불확실한 지위 등 유사한 현상들의 문제와 마찬가지로, 아감벤이 말한 온전한 시민과 '호모 사케르'의 차이를 직접 가리키는 것처럼 보인다는 것이다. 호모 사케르란 인간으로서는 살아 있으나 '정치공동체'의 구성원으로는 간주되지 않는 자를 말한

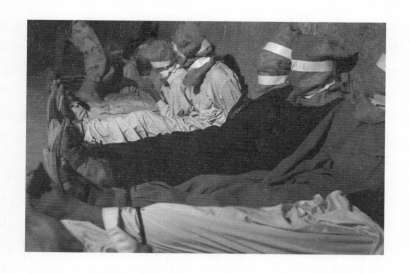

영화 〈관타나모로 가는 길〉에서 관타나모 수용소의 모습.

다.(『실재의 사막』, 131쪽)

요컨대 관타나모 수용소에 수감된 아프가니스탄 포로들과 마찬가지로 탈레반이나 알카에다는 아감벤이 말하는 '호모 사케르' 형상과 일치한다는 것이다. 비록 인간으로 살아 있다곤 하더라도 '정치 공동체'의 구성원으로는 간주되지 않는 '열외 인간'이 호모 사케르다. 가령 2001년 미국의 탈레반 소탕 작전 시 체포된 '미국인 탈레반' 존 워커의 신병은 어떻게 처리돼야 하나? '미국인'이니까 미국의 교도소에 수감되어야 하나, 아니면 '탈레반'이니까 탈레반 수용소에 수용되어야 하나? 그는 '합법적 범죄자lawful criminal'인가, 아니면 '비합법적 전투원unlawful combatant'인가?

'비합법적 전투원'이란 말이 단순히 범죄적 테러 활동으로 인해 법적 보호를 박탈당한다는 의미만 갖는 것은 아니다. 미국 시민이 중대 범죄를 저지를 경우 그는 '합법적 범죄자'가 되며 법적인 처분을 받게 된다. 그러므로 '범죄자'와 '비범죄자'의 구분은 '합법적 범죄자'와 '비합법적 범죄자'의 구분과 일치하지 않는다. '비합법적 범죄자'는 주로 불법 체류자를 가리키는 프랑스어 '상파피에sans-papiers(서류가 없는 사람)'에 상응한다. 즉 법적 보호의 바깥에 놓인 자, 배제된 자를 뜻한다. 탈레반 테러리스트가 속하는 것은 바로 이 범주이다. 어디 그들뿐인가.

> 배제된 자에는 테러리스트뿐만 아니라, 인도주의적 원조를 받는 쪽에 해당하는 사람들(르완다, 보스니아, 아프가니스탄인들……) 역시 속한다. 오늘날의 '호모 사케르'는 인도주의적 생체정치의 특별취급을 받는 대상, 즉 매우 선심 쓰는 듯한 방식으로 보살핌을 받고 있어 자신의 온전한 인간성을 박탈당한 이들이다. 따라서 우리는 강제수용소와 인도주의적 원조를 베푸는 난민수용소가 동일한 사회-논리적인 형식적 틀의 두 얼굴, '인간적인' 얼굴과 '비인간적인' 얼굴에 해당한다는 역설을 인지해야 한다.(『실재의 사막』, 131~132쪽)

여기서 요점은 얼핏 모순적으로 보이는 생체정치의 '두 얼굴', 인간적인 얼굴과 비인간적인 얼굴이다(중요한 것은 이 둘이 같은 얼굴의 서로 다른 표정일 뿐이라는 점이다). 한편으론 탈레반 포로들을 배제·격리 수용하지만 또 다른 한편으론 난민들에게 '인도주의적' 원조를 베풀기도 한다. 공통적인 것은 두 경우 모두 '온전한 인간성full humanity'을 박탈당했다는 것. 그런 점에서 '강제수용소'와 '난민수용소'는 모순적으로 보이지만 결국 하나다. 이 둘은 변증법적으로 통일된다.

지젝은 에른스트 루비치의 고전영화〈사느냐 죽느냐To Be or Not to Be〉(1942)에 등장하는 잔인한 농담이 이 두 경우에 모두 적용된다고 말한다. 폴란드에 건설된 독일의 강제수용소concentration camps에 대해 질문을 받자 수용소 측은 이렇게 답한다. "우리는 집결시키고, 폴란드인들은 캠핑을 하죠."(『실재의 사막』, 132쪽) 자기들은 폴란드 유대인들이 집단 캠핑을 하도록 잔뜩 모아놓기만 했다는 의미다. 법적 격리 대상이든 인도적 보호 대상이든, 두 경우 모두 주민은 생체정치의 대상으로 환원된다.

아마 '지역 주민'에 대한 호모 사케르적 취급의 궁극적 이미지는 아프가니스탄 하늘 위를 날아가는 미군 전투기의 이미지일 것이다. 그것이 무엇을 떨어뜨릴지, 폭탄일지 구호식량 꾸러미일지는 결코 확신할 수 없다.(『실재의 사막』, 134쪽)

그들이 '폭탄'을 줄지 '구호식량'을 줄지 우리는 알 수 없다. 그것이 오늘날의 생체정치다.

탈정치의 사회

아프간 '지역 주민'이 호모 사케르의 형상이라는 대목까지 읽었다. 그 궁극적 이미지가 아프가니스탄의 하늘을 날면서 무엇을 떨어뜨릴지(폭탄일지 구호식량일지) 알 수 없는 미군기였다. 거기서 폭탄과 구호식량은 서로 대립적이면서 동일한 것이다. 그것이 소위 '대립물의 일치' 혹은 '대립물의 통일성'이다. 그리고 2002년 4월 노르웨이의 한 의원이 조지 부시와 토니 블레어를 노벨평화상 후보로 제안했을 때 그러한 '대립물의 일치'는 정점에 도달한 것 아니냐고 지젝은 꼬집는다. 대테러 전쟁의 주동자 두 사람에게 노벨평화상을 주어야 한다는 제안은 "전쟁이 평화다"라는 조지 오웰 식의 모토(『1984』)가 실현된 게 아니냐는 것이다.

상황을 고약하게 만드는 것은 대테러 전쟁의 '부수적 손상'이 아프가니스탄 난민이라는 점이다. 재난적인 식량난과 극도로 취약해진 보건이 이들 난민들이 처해 있는 상황이다. 이 때문에 탈레반 소탕을 위한 군사행동이 '인도주의적 원조'의 안전한 배달을 보장하기 위한 수단으로 제시된다. 전쟁(군사행동)과 인도주의적 원조는 서로 대립되는 것이 아니라 긴밀하게 연결돼 있는 것이다. 여기선 동일한 개입이 두 가지 수준에서 동시에 기능한다.

탈레반 체제의 전복은 탈레반에 의해 억압받는 아프가니스탄 국민을 돕기 위한 전략의 일부로서 제시된다. 토니 블레어가 말했듯, 아마 우리는 식량 수송과 분배를 안전하게 하려는 목적에서 탈레반을 폭격해야 할지도 모른다.(『실재의 사막』, 135쪽)

'호모 사케르로서 아프가니스탄 난민'이란 문제가 우리에게 시사해주는 바는 무엇일까? 다시금 인권human rights과 시민권rights of a citizen 사이의 구분을 상기해야 하는 것일까(난민은 같은 인류로서 인권은 갖지만 시민권은 박탈당한 존재다)? 하지만 지젝은 호모 사케르라는 문제의식에서 보다 급진적인 결론을 도출해낼 수 있다고 말한다.

진정한 문제는 배제된 이들의 취약한 신분이 아니라 가장 기본적인 수준에서 우리 모두가 배제되어 있다는 사실이라면 어떤가? 우리의 가장 기본적인 '영점zero'의 위치는 생체정치의 대상이라는 위치이며,

테오도르 아도르노.

참정권와 시민권은 생체정치의 전략적 고려에 따라 부차적인 제스처로 부여되는 것이란 의미에서 말이다. 이것이 '탈정치' 개념의 궁극적인 결과라면 어떤가?(『실재의 사막』, 135~136쪽)

즉 우리 모두가 기본적인 수준에서 생체정치의 대상이라면, 즉 '벌거벗은 생명'이라면 호모 사케르가 따로 있는 것이 아니다. 우리 모두가 호모 사케르이기 때문이다. 하지만 난민과 달리 우리에겐 참정권과 시민권이 주어져 있지 않느냐고? 맞다. 하지만 우리의 참정권과 시민권이라는 것이 생체정치의 전략적 고려에 따른 것이라면, 그래서 '부차적인 제스처'에 불과한 것이라면? 말하자면 일종의 '생색내기'에 불과하다는 것이다(선거철에만 잠시 '주권자' 대우를 받는 우리의 처지를 생각해보라). 정치적 행위나 정치 과정을 번거로운 것으로 간주하고 '행정' 개념으로 이해하려는 것이 '탈정치 시대'의 특징이다(우리의 경우로 치면, 이명박 정부의 가장 두드러진 특징이기도 하다). 국민이 '주권자'가 아니라 복리·후생의 대상으로만 간주되는 것, 그것이 탈정치의 결과다.

아감벤이 『호모 사케르』에서 주장하는 바에 따르면, 생체권력 혹은 생명 관리 권력의 궁극적 표현은 20세기의 강제수용소다. "여기서 근본적인 선택은 아도르노와 하버마스 가운데 하나인 것처럼 보인다." 여기서 '아도르노'는 물론 '계몽의 변증법'을 주장하는, 즉 근대적 합리성이 결국 아우슈비츠로 귀결된 게 아닌가라고 근심하는 아도르노이고, '하버마스'는 아우슈비츠란 병리적 일탈일 뿐이고 아직 근대성의 기획이 미완인 상태로 남아 있는 게 문제라고 보는 하버마스다. 각각의 선택지가 보여주는 근대상은 어떤 것인가?

먼저 아도르노: "(정치적) 자유라는 근대성의 기획은 거짓 외관일 뿐이며, 그 '진실'은 후기자본주의의 '관리되는 세계'에 침윤되어 자신의 자율성을 모두 상실한 주체들이 구현하고 있는 것인가?"(『실재의 사막』, 136쪽) 즉 아도르노가 보기에 정치적 자유의 확장이라는 근대의 기획은 허울일 뿐이고, 결과적으로 얻게 된 것은 자신의 자율성을 상실하고 '관리되는 세

계'의 대상으로 전락한 주체들, 혹은 국민들subjects들이다.

이어서 하버마스: "'전체주의' 현상은 단지 근대성의 정치적 기획이 아직 미완이라는 사실을 입증하는 증거에 불과한 것인가?"(『실재의 사막』, 136쪽) 즉 그것은 병리적 일탈에 불과하고, 오히려 근대성의 기획이 아직 미완이라는 사실을 입증해주는 것 아니냐는 것이 하버마스의 관점이다.

두 사람 모두 프랑크푸르트 학파의 대표적인 학자이지만 근대(성)의 기획을 바라보는 관점은 '비관'과 '낙관'으로 나뉘며 서로 대척적이다. 하지만 이 두 입장이 "동일한 외상적 특징의 억압-배제에 기반을 두는 동전의 앞뒷면이라면 어떻게 될 것인가?" 이것이 지젝의 문제의식이다. 어떤 점에서 그렇게 말할 수 있는가?

> '관리되는 세계'는 주관적 자유의 경험 자체가 규율 메커니즘에 대한 예속의 외양이라는 형태가 되는 세계의 '전체주의적' 개념이다. 이는 결국, 개인적 자율성과 자유라는 '공식적인' 공적 이데올로기(와 실천)의 외설적인 환상적 이면이다.(『실재의 사막』, 136~137쪽)

공식적 이데올로기상으로 우리는 자율적이며 자유롭다. 하지만 '관리되는 세계'에서 우리의 주관적 자유 경험은 오직 우리가 규율 체계에 예속될 때 얻어진다. 즉 실제로는 자유롭지 않음에도 불구하고 우리는 자유롭다고 착각한다. 여기서 전체주의 사회와 '관리되는 사회'는 그다지 먼 거리에 있지 않다.

관리되는 사회

개인적 자율성과 자유라는 이데올로기의 이면이, 주관적 자유가 규율적 메커니즘에 예속된 '관리되는 세계'라는 사실을 잘 보여주는 이미지로 지젝은 영화 〈매트릭스〉의 한 장면을 든다. 어떤 장면인가?

〈매트릭스〉에서는 수백만 명의 인간들이 물이 담긴 인큐베이터 안에
서 밀실공포증적인 삶을 살아가며, 매트릭스를 위한 에너지(전기) 공
급원으로 양육되고 있다. 그래서 (일부) 사람들이 매트릭스가 통제하
는 가상현실에 침윤된 상태에서 '깨어나'더라도, 이 각성이 외부 현실
의 드넓은 공간을 향해 열리지 않는다. 그들이 제일 먼저 느끼는 것
은 우리 모두가 사실상 양수 속에 잠긴 태아 같은 유기체의 상태로
갇혀 있다는 끔찍한 깨달음이다.(『실재의 사막』, 137쪽)

즉 매트릭스가 조종하는 '가상현실'에서 깨어나 '현실'을 직시할 때 우리가
보게 되는 것은 마치 양수 속에 잠겨 있는 태아처럼 완전히 수동적인 상태
의 '나'이다. 가상현실에서는 자유롭지만(비록 환상일지라도) 실제 현실에
서는 자유를 완전히 상실한 '수인囚人' 같은 형국이다. "이 완전한 수동성은
능동적이고 자기정립적인 주체로서의 우리의 의식적 경험을 지탱하는 폐
제된 환상이다. 이는 궁극적으로 도착적 환상이다."(『실재의 사막』, 137쪽)
여기서 '폐제된 환상the foreclosed fantasy'이 가리키는 것이 '완전한 수동성'이
다. 전적으로 수동적인 상황에 처해 있지만 이러한 현실은 환상으로 치부
된다. 아예 원천적으로 폐쇄되고 배제된다(정신분석에서 주로 '폐제'라고
옮긴다). 그러한 배제를 통해서 우리 스스로가 능동적이고 자기 정립적이
라는 환상이 우리의 의식을 지배하게 된다. 이렇듯 현실과 환상이 뒤집혀
있다는 의미에서 궁극적으론 '도착적 환상'이다.

　　이 환상 너머의 실재는 무엇인가? "존재의 가장 내밀한 차원에서 우
리는 타자(매트릭스)의 향락의 도구에 불과하며, 배터리처럼 생명 물질을
흡수당하고 있다는 개념이다."(『실재의 사막』, 137쪽) 요점은 존재의 가
장 내밀한 차원에서 우리는 '대타자(매트릭스)의 향락'의 도구에 불과하다
는 것이다. 그 대타자(매트릭스)는 우리의 생명 에너지life-substance를 흡충처
럼 빨아먹는다. 하지만 수수께끼. 어째서 매트릭스는 군이 인간의 에너지
를 필요로 하는가? 순수하게 에너지를 얻기 위해서라면 보다 간편한 다른
수단을 찾을 수도 있을 것이다. 수백만 명의 생명에너지를 추출해내기 위

한 복잡한 장치의 가상현실 세계를 구축하는 것은 합리적인 해결책이 아니다. 그럼에도 그렇게 했다면 다른 목적이 있는 것 아닐까? 좀 더 설득력 있는 대답은 매트릭스가 '인간의 향락human jouissance'을 먹고 산다는 것이다. 이것은 어떤 의미인가?

> 여기서 우리는 대타자 자체는 결코 익명의 기계가 아니며 향락의 끊임없는 유입을 필요로 한다는 라캉의 기본 명제로 돌아가게 된다. 우리는 바로 이런 방식으로 〈매트릭스〉가 제시하는 상태를 뒤집어보아야 한다. 눈을 뜨고 우리가 진정으로 처한 상황을 깨닫는 영화 속 장면은, 사실 반대로 우리 존재를 지탱하는 근본적 환상이다.(『실재의 사막』, 137~138쪽)

라캉의 기본 명제라는 것은 대타자가 끊임없이 향락의 유입을 필요로 한다는 점. 지젝은 이를 근거로 〈매트릭스〉의 상황을 뒤집어서 이해해야 한다고 주장한다. 우리가 처해 있는 '진정한 상황'을 깨닫게 되는 장면이 정반대로 우리의 존재를 지탱해주는 근본 환상이라는 것이다. 지젝은 클로로포름 마취를 하고 수술대에 누워 난도질을 당하는 환자의 경우를 예로 드는데, 프랑스의 생리학자 피에르 플루랑스에 따르면 마취제는 우리의 기억 신경망에만 작용한다. 따라서 수술 중에 우리는 무시무시한 아픔을 고스란히 느끼지만 나중에 깨어날 때 그걸 기억하지 못한다는 것이다. 즉 자연의 일부로서 신체는 아픔을 느끼지만 주체는 그것을 기억하지 못한다.

지젝은 이런 것이 '상호 수동성의 완벽한 환상 시나리오'가 아닌가라고 묻는다. "다시 말해 이 세상에서 우리의 능동적인 개입에 대한 대가를 치르게 되는 다른 장면의 완벽한 환상 시나리오로 읽을 수 없을까? 이런 환상적인 지지 없이는, 다시 말해 그가 대타자에 의해 완전히 조종되는 장소인 이러한 다른 장면 없이는 능동적인 자유로운 행위가 있을 수 없다." 어떤 사례를 들 수 있을까? 지젝은 기대에 어긋나지 않는 사례를 또 챙겨놓는다. 우리의 자유로운 행위가 다른 한편으로는 완전한 수동성으로 전락한 '다른 장면'에 의해 지탱된다는 걸 보여주는 사례다.

> 매일 수천 명 평직원의 운명을 좌지우지하는 고위 간부들이 사도-마
> 조히즘 쇼에서 주인 역을 맡은 여성의 노예 역할을 하며 안식을 얻고
> 자 하는 욕구에는 어쩌면 우리가 생각하는 것보다 더 뿌리 깊은 근
> 거가 있는지도 모를 일이다.(『실재의 사막』, 138~139쪽)

보통 롱부츠를 신고 가터벨트를 입은 여성이 채찍을 든 주인 행세를 하
면서 남성 고객을 성적으로 '학대'하는 게 '사도-마조히즘 쇼sado-masochistic
spectacle'의 내용이다. 물론 이 쇼에서 남성은 주인 여성에게 전적으로 복
종해야 하며 고통을 감수해야 한다. 실상 그 고통이 그가 원하는 것이기
도 하다. 날마다 수천 명 직원의 운명을 좌지우지하는 고위 임원이 왜 그
런 쇼를 하는 업소를 찾는가. 그런 '능동적' 행위자의 '수동적(마조히즘적)'
욕망이 생각보다는 뿌리 깊은 근거를 갖고 있다는 게 지젝의 지적이다. 우
리로 하여금 능동적으로 행동하게 하는 '다른 장면'은 또 어떤 것이 있는지
각자 생각해볼 일이다.

안티고네의 경계적 위치

다시 호모 사케르에 관한 아감벤의 분석으로 돌아온다. 지젝은 아감벤의 분석이 급진적 민주주의 프로젝트와는 분리돼야 한다고 주장한다. 급진적 민주주의란 에르네스토 라클라우와 샹탈 무페 등이 『사회주의와 헤게모니 전략』(1985)을 필두로 주장한 이론적 입장이다(급진 민주주의에 대해서는 4장 참조). 지젝의 주장은 이렇다.

> 아감벤의 분석에서 우리는 민주주의라는 개념 자체에 의문을 제기하는 그 급진적 성격을 완전히 파악해야 한다. 다시 말해, 아감벤의 호모 사케르라는 개념을 급진적 민주주의 기획의 한 요소처럼 약한 의미로 받아들여서는 안 된다. 급진적 민주주의 기획의 목표는 포함과 배제의 경계를 재협상/재정의하여, 상징계가 공적 담론의 헤게모니적 구도에 의해 배제된 이들의 목소리에 더욱 개방적이 되도록 하는 것이다.(『실재의 사막』, 139쪽)

민주주의 자체에 의문을 제기하므로 그의 '호모 사케르' 개념도 급진적 민주주의 기획radical-democratic project으로 포섭될 수 없다는 것이 지젝의 판단이다. 이 문단에서 다시 정의되고 있는 급진적 민주주의 기획의 목표는 "포함과 배제의 경계를 재협정/재정의"하는 것이 어디까지 포함하고 어디까지 배제할 것인가를 다시 협상하고 다시 정의한다는 뜻이다. 가령 '시민'의 범주를 확장하여 최대한 다수의 '인간'이 포함되게 함으로써 인권과 시민권이 거의 등치되도록 하는 것이 그러한 전략의 최대치가 될 수 있겠다.

그렇게 함으로써 어떤 결과가 생겨나는가? "상징계가 공적 담론의 헤게모니적 구도에 의해 배제된 이들의 목소리에 더욱 개방적이 되도록 하

는 것이다." 그러한 헤게모니적 구도에서 배제된 목소리들에 더 개방적이
되는 것이 말하자면 급진적 민주주의가 의도하는 최선의 결과다. 이어서
지젝은 이것이 『안티고네』에 대한 주디스 버틀러의 핵심적 독해와도 연결
된다고 말한다. 버틀러는 『안티고네의 주장』에서 이렇게 말했다.

> "그녀가 버티고 서 있고자 하는 경계적 위치는 서 있을 수 있도록 배
> 당되지 않은 자리이며, 어떠한 재현으로도 번역될 수 없는 위치다. 이
> 는…… 수치스런 미래로서 의식의 영역, 공적인 영역에 유령처럼 들
> 러붙는 대체적 합법성이다."(『실재의 사막』, 139쪽)

테바이의 통치자 크레온이 전사한 오빠의 장례를 금지하자 안티고네는 이
에 맞선다. 오빠의 장례를 정식으로 치르게 해달라는 그녀의 주장은 받아
들여지지 않는데, 그런 의미에서 그녀의 위치는 법이 포용할 수 있는 한계
(경계)에 놓여 있다. 앞에서 나온 표현을 쓰자면 안티고네가 고집하는, 혹
은 고수하고자 하는 위치/입장은 사회적 상징계에 포함되지 않는 자리이
며, 따라서 배당될 수도 재현될 수 없는 자리다. 재현될 수도 없기에 그것
은 일종의 '흔적'이다. 크레온이 대표하는 '합법성'에 대한 대체/대안이라는
의미다. 다만 그 '대체적 합법성'은 인정받지 못하고 있기에 가능성(흔적)
으로만 존재한다. 그리고 마치 유령처럼, 그 '수치스러운 미래'로서 '의식의
영역, 공적 영역'에 들러붙는다.
    이러한 안티고네의 형상은 호모 사케르와도 자연스레 연결된다. "안
티고네는 오늘날 프랑스의 상파피에처럼 온전하고 명확한 사회-존재론적
지위를 지니지 못한 모든 이들을 대표하여 자신의 주장을 정식화하며, 버
틀러 자신도 여기서 아감벤의 호모 사케르를 언급한다."(『실재의 사막』,
139쪽) 여기서 '완전하고 명백한 사회-존재론적 지위'란 시민권을 가진 자
를 말한다. 반면에 안티고네는 '신분증이 없는 사람', '상파피에'라고 불리
는 불법 체류자를 닮았다. 존재하지만 법적으로는 그 존재를 보장받지 못
하고, 또 사회-존재론적 지위를 갖고 있지 않기 때문이다.

우리가 안티고네가 말하는(대신하는) 입장도, 주장의 목적도 하나로 고정시키지 말아야 하는 것은 이런 이유에서다. 안티고네는 자기 오빠의 유일무이한 지위를 강조하지만, 그런 목적은 겉보기만큼 명백한 것은 아니다. (오이디푸스 역시 안티고네의 이부異父 남매 아닌가?) 그녀의 입장은 단순히 여성적인 입장만은 아니다. 안티고네는 공무라는 남성적 영역에 들어서기 때문이다. 국가 수장인 크레온을 상대하면서 그녀는 그의 권위를 도착적인/전치된 방식으로 전유해가며 크레온처럼 말한다. 안티고네는 헤겔의 말처럼 친족관계를 위하여 말하는 것도 아니다. 그녀의 가족 자체가 올바른 친족관계 질서의 궁극적인 타락(근친상간으로 인한)을 나타내기 때문이다. 따라서 안티고네의 주장은 법의 근본적인 윤곽, 법이 배제하는 것과 포함하는 것의 경계를 바꿔놓는 주장이다.(『실재의 사막』, 139~140쪽)

오빠와의 특별한 관계에도 불구하고 그녀가 왜 그렇게 완강하게 자신의 주장을 굽히지 않는가 하는 점이 『안티고네』의 미스터리다. 그녀의 입장은 단순하게 '여성'을 대표하지도 않으며 헤겔의 말처럼 가족을 대표하는 것도 아니다. 왜냐하면 근친상간으로 얼룩진 안티고네의 집안 자체가 그렇게 정상적인, 도덕적인 집안이 아니기 때문이다. 그렇다면 무엇인가? "그녀의 주장은 법의 기본적인 윤곽을, 법이 배제하고 포함하는 바를 바꿔놓고 있다"는 것, 즉 법이 무엇을 포함하고 무엇을 배제할 것인가란 문제 자체, 그러니까 법의 근본적 토대 자체를 그녀가 건드리고 있다는 얘기다.

『안티고네』에 대한 주디스 버틀러의 독해를 계속 따라가 본다. 지젝은 버틀러가 헤겔뿐만 아니라 라캉을 염두에 두고 자신의 독해를 전개한다고 말한다. 즉 헤겔과 라캉이 버틀러의 두 맞수다. 헤겔은 크레온과 안티고네의 충돌을 사회적-상징적 질서 '내부'에 속한 것으로, 윤리적 실체 ethical substance의 분열을 드러내는 비극으로 보았다. 즉 크레온과 안티고네는 각각 국가와 가족, 낮과 밤, 인간의 법질서와 신적인 숨은 질서를 대표한다는 것이다.

반면에 라캉은 안티고네가 친족관계를 대표하는 것과 무관하며 차라리 상징적 질서를 설립하는 제스처의 경계적 위치limit position를 떠맡는다고 보았다. 여기서 '경계'는 '한계'이자 '극한'이다. 상징적 질서화의 가장자리면서, 질서와 무질서 사이의 경계라는 것이다. 즉 그녀는 상징화의 경계지점, 상징화가 불가능한 제로 차원zero-level을 가리킨다. 그런 의미에서 그녀는 '죽음 충동'을 대표한다. "그녀는 여전히 살아 있지만, 상징적 질서라는 면에서는 이미 죽어 있고, 사회적-상징적 좌표에서 배제되어 있는 것이다."(『실재의 사막』, 140쪽) 즉 사회-상징적 좌표계에서 배제돼 표시되지 않는다. 사회적으로는 '존재'하지 않는다는 말이다.

지젝이 보기에 버틀러는 헤겔과 라캉의 이 두 극단적 입장을 거부하면서 변증법적으로 종합한다(변증법적 종합, 혹은 변증법적 지양이란 부정하면서 동시에 보존하는 것이다). 그에 따르면 "안티고네는 기존의 상징적 질서를 약화시킨다. 단지 그 철저한 외부에서뿐만 아니라 그 근본적인 재분절을 목표로 하는 유토피아적인 관점에서도 말이다."(『실재의 사막』, 140~141쪽). 요점은 안티고네가 단지 상징계의 '외부'를 대표한 것이 아니라 어떤 유토피아적 관점을 대표하며, 이것은 상징계의 재분절rearticulation, 곧 재편, 재배치, 재구성을 목표로 한다는 것이다. 안티고네는 공적인 공간에 자리가 할당돼 있지 않은 장소를, 거주할 수 없는 위치를 떠맡는다는 점에서 '살아 있는 죽음living dead'이다. 하지만 그녀가 떠안는 장소/위치는 선험적인 것이 아니라 역사적인 것이며 따라서 우연적이고 특수한 상황에 따라 구조화된 것이다.

라캉과 반대되는 버틀러의 핵심 쟁점은 이것이다. 라캉의 관점(안티고네가 상징적 질서 바깥의 자살적인 장소에 스스로를 위치시킨다는 생각)은 급진적이지만, 이 급진성은 그 자체로 이 질서, 즉 확고한 친족관계의 질서를 재확인한다. 그리고 궁극적인 선택지는 (가부장적인 고정된) 친족관계의 상징적 법과 그에 대한 자살적 차원의 황홀한 위반 사이라는 암묵적 가정을 내린다.(『실재의 사막』, 141쪽)

자크 라캉.

라캉의 안티고네 해석의 핵심은 그녀가 상징적 질서 바깥에 스스로를 위치시킨다는 지적이다. 하지만 그렇게 함으로써 그녀는 이 질서를, 확고한 친족관계의 질서를 재확인해준다. 그녀의 궁극적 선택지는 가부장적 친족관계의 상징적 법과 그에 대한 자살적 차원의 황홀한 위반이다. 법과 위반 사이. 이때 위반은 법의 확고함과 엄정함을 다시금 확인시켜주는 기능을 담당하게 된다. 자살적·자멸적 위반이란 스스로 패배할 수밖에 없는 위반이기 때문이다. 하지만 버틀러가 제안하는 것은 세 번째 선택, 제3의 선택이다. "제3의 선택은 어떤가? 이 친족관계 자체를 재분절하는 것이다. 다시 말하면 상징적 법을 변화 가능한 우연적인 사회적 배치로 새롭게 고려하는 방법이다."(『실재의 사막』, 141쪽) 다시 말해서, 라캉의 안티고네는 어떤 고정된 상징적 질서와 대결하다 필연적으로 패배한다면, 버틀러의 안티고네가 맞서는 상징적 질서는 가변적이며 재배치가 가능하다. 만약 안티고네가 호모 사케르의 형상이라면 이러한 버틀러의 『안티고네』 독해는 아감벤의 호모 사케르론과 어떻게 연결되는가? 지젝은 이렇게 정리한다.

> 안티고네는 공적인 공간 속에 받아들여지기를 열망하는 모든 전복적인 '병리적' 주장들을 대표하여 말한다. 그러나 버틀러식 독해 속에서 안티고네가 의미하는 바를 호모 사케르와 동일시하면 아감벤 분석의 기본적인 취지를 놓치게 된다. 아감벤의 분석에는, 점차적으로 목소리가 들리게 함으로써 온전한 시민과 호모 사케르를 가르는 경계를 '재협상'한다는 '민주적인' 기획이 들어설 여지가 없다. 아감벤의 요점은 오히려 오늘날과 같은 '탈정치' 시대에는 민주적인 공적 공간이라는 것 자체가 우리 모두가 호모 사케르라는 사실을 가리는 가면이라는 것이다.(『실재의 사막』, 141쪽)

요점은 버틀러의 안티고네와 아감벤의 호모 사케르가 좀 다르다는 것이다. 둘을 동일시하는 것은 아감벤의 분석이 갖는 파괴력을 둔하게 만든다. 버틀러의 안티고네가 상징적 질서의 재편과 재배치를 요구하는 유토피아적 관점을 대표한다면, 아감벤의 호모 사케르에겐 그런 '재협상'의 여지가 주어지지 않는다. 그래서 정상적인 시민과 호모 사케르를 구분하는 경계가 민주주의적으로 점차 확장돼 모두가 시민으로 인정·포함되거나 하지 않는다. 아감벤이 보기엔 오히려 지금의 '탈정치post-politics' 시대에는 민주적 공간이라는 것 자체가 가면이고 속임수에 불과하다. 무얼 가리고 무얼 속이는가? 우리 모두가 '호모 사케르'라는 사실을 가리고 속인다.

> 그렇다면 이는 아감벤이 단순히 아도르노, 푸코와 동일한 관점을 공유한다는 의미인가? 우리 사회 발전의 비밀스런 목적은, 우리 모두가 '생체정치'의 대상이라는 지위로 격하되고 마는 완전히 폐쇄적인 '관리되는 세상'이라 보는 관점 말이다.(『실재의 사막』, 141~142쪽)

아도르노와 푸코의 주장은 무엇인가? 아도르노의 '관리되는 세계'에 대해선 이전에 언급한 바 있다. 그는 현대 사회가 이대로 계속 발전해나간다면 그 끝에서 완전히 폐쇄적인 '관리되는 사회'가 될 거라고 전망한다. 그런 사회에서 우리 모두는 '생체정치'의 대상으로 격하되고 전락할 것이다. 이것은 물론 부정적이고 음울한 전망이다. 과연 아감벤도 그렇게 생각하는 것인지? 이 질문에 대한 지젝의 대답은 그렇지는 않다는 것이다. 그렇다면 아감벤의 입장은 무엇인지, 그는 아도르노와 푸코와는 어떤 점에서 전망을 달리하는지 살펴보도록 한다.

급진적 정치의 한계

아감벤 또한 아도르노와 푸코처럼 '관리되는 세계'와 '생체정치 시대'에 관해서 비관적인 전망을 공유하는지 물었다. 지젝의 대답은 '그렇지 않다'이다.

> 아감벤은 '민주적인' 탈출구는 전혀 없다며 부인하지만 사도 바울을 상세하게 독해하는 과정을 통해 '혁명적인' 메시아적 차원을 강력하

게 재주장한다. 이 메시아적 차원이 의미하는 바가 있다면, 그건 '단
순한 생명'이 더 이상 정치의 궁극적인 영역이 아니라는 것이다.(『실
재의 사막』, 142쪽)

'단순한 생명' 혹은 '벌거벗은 생명'은 생체정치(생명정치)의 대상이다. 하
지만 메시아적 차원을 도입하고 고려하게 되면 그것은 더 이상 정치의 궁
극적인 대상, 유일한 대상이 될 수 없다는 것이며, 바로 아감벤의 경우가
그렇다는 얘기다. 이때 지젝이 염두에 두고 있는 저작은 아감벤의 『남겨진
시간』[48]이다. 『남겨진 시간』에 대해서는 한 서평에서 다룬 바 있는데[49] 조
금 간추려서 소개하자면, 사도 바울이 로마인에게 보낸 편지에 관한 여섯
차례의 강의록을 묶은 책이다. 『호모 사케르』에서 주권의 역설적 논리를
분석하고 수용소야말로 근대성의 노모스[nomos](규범)이면서 근대 정치의 패
러다임이라고 주장했던 아감벤은 『남겨진 시간』에서 바울의 편지에 대한
치밀하고도 유려한 문헌학적 주석을 통해 그의 메시아주의가 어떤 것인지
를 면밀히 조명한다.

　　아감벤이 분석 대상으로 삼은 것은 고대 그리스어 성경의 로마서 1
장 1절을 구성하는 10개의 단어다. "그리스도 예수의 종, 나 바울은 사도
로 부르심을 받아 하나님의 복음을 전하는 특별한 사명을 띤 사람입니다"
란 뜻으로 풀이되는 이 구절의 원문 "PAULOS DOULOS CHRISTOU
IESOU KLETOS APOSTOLOS APHORISMENOS EIS EUAGGE-
LION THEOU"를 구성하는 각 단어에 아감벤은 주석을 붙인다. 로마서
야말로 바울의 사상과 복음에 대한 증언적 요약이며, "글의 첫머리 한 개
한 개의 언어가 편지의 텍스트 전체를 총괄하는 형식으로 스스로 축약"하
고 있기 때문이다. 예컨대 아감벤은 'CHRISTOU'가 뜻하는 '그리스도'가

48　　조르조 아감벤, 『남겨진 시간』, 강승훈 옮김, 코나투스, 2008.
49　　이현우, 『책을 읽을 자유』, 현암사, 2010, 450~452쪽 참조.

단지 '기름 부어진 자'를 뜻하는 헤브라이어 '마시아(=메시아)'를 그대로 그리스어로 번역한 것이기에 '예수 그리스도'란 '구세주 예수' 또는 '예수라는 구세주'를 가리킬 뿐이라는 점에 주의하도록 한다. 그리고 '소명 받음'을 뜻하는 'KLETOS'의 파생어 '클레시스klesis'는 루터에 의해 독일어 '베루프 Beruf'로 번역되면서 '직업'이라는 근대적 의미까지 획득하게 됐다고 언급하는 식이다. 요컨대 아감벤의 이러한 작업은 '단순한 삶'과는 다른 차원의 삶을 고려하게끔 한다.

> 다시 말해, '종말을 기다리는' 메시아적 태도는 '단순한 삶'이 갖는 중심적 지위를 박탈한다. 이와는 명확히 대조적으로 탈정치의 근본적인 특성은 정치를 '단순한 삶'을 통제하고 관리한다는 엄밀한 의미의 '생체정치'로 축소시킨다는 것이다.(『실재의 사막』, 142쪽)

어째서 그런가? '종말을 기다리는 메시아적 태도'에서 단순히 목숨을 부지하는 삶, 곧 '단순한 삶'은 적극적 의미를 갖기 어렵기 때문이다. 즉 '단순한 삶'은 더 이상 삶의 중심이자 핵심으로 행세할 수 없으며 따라서 그 의의가 절감될 수밖에 없다. 반면에 '정치 이후'의 '탈정치'는 '정치'를 '생체정치'로 축소(환원)시킨다. 고작 '단순한 삶'을 통제하고 관리하는 일이 정치의 모든 것이 된다는 뜻이다.

그런 관점에서 보자면 아감벤을 단순히 '생체정치'의 철학자로만 주목하는 것은 그를 오인하는 태도다. 지젝은 "아감벤에 대한 이런 (잘못된) 도용은 미국의 급진적인 학계의 경향을 예시해주는 일련의 사례 가운데 하나일 뿐"이라고 꼬집는다. 여기서 '급진적인'이란 말은 일종의 아이러니를 담은 말이다(지젝은 아감벤보다 더한 사례가 푸코라는 지적을 덧붙인다). 그래서 이어지는 것은 소위 '급진적 정치radical politics'에 대한 지젝의 비판이다. 비판의 과녁이 되는 것은 무엇인가?

본래 모든 민주적인 해방 기획은 막혀 있다는 점을 강조하던 유럽 지식계의 토포스topos는, 민주적 공간을 점진적이고 부분적으로 확대해 가자는 정반대의 토포스 내에 재기입된다. 겉보기에 이는 정치적 급진화로 보인다. 그러나 그 이면은, 급진적인 정치적 실천 그 자체가 권력구조를 불안정하게 하고 바꿀 수 있는 항구적인 과정으로 인식되며, 결코 효과적으로 권력구조를 약화시키지는 못한다는 점이다. 급진적 정치의 궁극적 목표는 사회적 배제의 경계선을 점차 옮기고, 배제된 자들에게 자신들의 정체성을 표현하고 의문을 던질 수 있는 주변적 공간을 마련해줌으로써 그들에게 힘을 실어주는 것이다.(『실재의 사막』, 142~143쪽)

일단 '유럽의 지식계의 토포스'란 말은 푸코나 아감벤 같은 유럽 철학자에 대한 전유, 곧 편의적인 이해를 가리킨다. 아감벤을 생체정치의 철학자로 한정하여 이해하는 태도다. 그러한 '한정'과 함께 정작 그들이 주장하는 '모든 민주적인 해방 기획'에 대해서는 눈을 감는다. 대신에 초점은 '민주적 공간의 점진적·부분적 확대' 쪽으로 맞춰진다. 그래서 겉보기에는 '정치적 급진화'로 보이지만 그 이면 또한 간과할 수 없다. 어떤 이면인가? "급진적인 정치적 실천 그 자체가 권력구조를 불안정하게 하고 바꿀 수 있는 항구적인 과정으로 인식되며, 결코 효과적으로 권력구조를 약화시키지는 못한다"라는 점. 요점은 급진적 정치 실행 자체가 궁극적으론 권력 구조를 무너뜨리지도 못하면서 그냥 그것을 불안정하게 만들고 바꾸기도 하는 항구적인 과정 정도로 간주된다는 것이다. 급진적 정치란 그래서 배제된 자들이 자신들의 '정체성'을 표현할 수 있는 공간을 더 늘려나가는 정도에 머문다. 이것이 말하자면 급진적 정치의 한계다.

폭력적인 단순화

급진적 정치의 한계에 대한 지적과 더불어 지젝이 제시하는 것은 체스터턴의 비판이다. 『정통신앙』에서 인용한 대목이다.

단두대는 급진적이고 폭력적인 단순화의 대표적인 사례다.

단두대는 많은 죄를 안고 있지만, 공정하게 평하자면 거기에 진화적인 것은 아무것도 없다. 진화론적 논쟁은 흔히 사형집행용 도끼에서 최고의 해답을 찾아낸다. 진화론자가 "당신은 어디에 선을 긋는가?"라고 물으면 혁명론자는 "나는 여기에, 긋는다. 정확히 당신의 머리와 몸통 사이에"라 대답한다. 어떤 주어진 순간에 어떤 일격이 가해진다면, 관념적인 옳고 그름의 기준도 분명히 있을 것이다. 갑작스러운 무언가가 있다면, 영원한 어떤 것도 분명 있을 것이다.(『실재의 사막』, 143쪽)

전후 맥락을 모르면 이해하기 어려운 대목이다. 체스터턴의 『오소독시』에서 다시금 인용하자면 이런 맥락에서 나온 말이다. 조금 확장해서 옮겨본다.

그러므로 하나의 영원한 이상은 보수주의자뿐 아니라 혁신주의자에게도 반드시 필요하다. 우리가 왕의 명령이 즉각적으로 실행되기를 원하든, 아니면 그 왕이 즉각적으로 처형당하기를 바라든 간에 영원불변한 이상은 반드시 필요하다. 단두대는 많은 과실을 안고 있지만, 정당하게 평가하자면 그것에 진화적인 것은 아무것도 없다. 진화론적 논쟁은 흔히 사형 집행용 도끼에서 최고의 해답을 찾아낸다. 진화론자가 "당신은 어디에 선을 긋는가?"라고 물으면 혁명주의자는 "나는 그것을 '여기에' 긋는다. 정확하게 당신의 머리와 몸통 사이에"라고 대답한다. 어떤 주어진 순간에 어떤 일격이 가해진다면, 관념적인 옳고 그름의 기준도 분명히 있을 것이다. 갑작스러운 무언가가 있다면, 영원한 것도 분명 있을 것이다.[50]

일단 단두대에 대한 체스터턴의 평가는 거기에 '진화적인 것'은 아무것도

---

50   G. K. 체스터턴, 『오소독시』, 208~209쪽.

알랭 바디우.

없다는 것. 고작해야 도끼에서 해답을 찾는다. 도끼가 얼마만큼 좋아졌는가 정도를 따져본다는 뜻이겠다. 그렇다면 개량된 도끼, 더 좋아진 도끼가 문제를 해결해주는 것일까? 목을 자르는 데 있어서 진화론자는 어떤 '진보'를 쟁취해내는 것일까? 사정은 진화나 발전의 여지도 없는 '영원한 것'과 관련되지 않을까? (목을 자를 때) "당신은 어디에 선을 긋는가?"라는 질문은 얼핏 섬세해 보이는 질문이지만, 한편으론 어리석은 질문이다. 혁명론자/혁명주의자는 단호하게 이렇게 말한다. 그냥 '여기'라고. 머리와 몸통 사이. 그걸로 충분하다는 뜻이다. 사실 그렇잖은가? 그게 '영원한 어떤 것'이다. 변하지 않는 것. 단두대의 도끼가 아무리 개량·진화된다 하더라도 변하지 않는 원칙은 그 기능이 머리와 몸통 사이를 절단하는 데 소용된다는 점이다. 그것이 어떤 행위를 가능하게 하는 '기준'이다. 지젝의 보충 설명은 이렇다.

> 우리가 행위의 이론가인 바디우가 영원을 참조한 이유를 이해할 수 있는 것은 이런 기반에서이다. 행위가 가능하기 위해서는 시간 속에 영원이 개입해야만 한다. 역사주의적 진화론은 끝없는 지연으로 이어진다. 상황은 언제나 너무 복잡하며, 설명해야 할 다른 측면들이 언제나 더 남아 있고, 찬반을 따지는 일은 결코 끝나지 않기 때문이다······.(『실재의 사막』, 143쪽)

'행위의 이론가'는 'the theorist of the Act'의 번역이다. 정관사가 붙은 것은 알랭 바디우에 대한 예우이기도 할 것이다. 여기서 대문자 행위Act는 어떤 곤경과 교착 상태를 돌파하는, 사회적 상징계의 좌표를 변화시키는 일을 가리킨다(그런 의미에서 '행위'란 말은 특권적이며 '행위로의 이행'이나 '행동', '활동' 등과 구별된다). 그러한 행위가 가능하기 위해서는 '영원Eternity'에 대한 참조가 필수적이라는 것이다. 즉 행위는 '시간'에 대한 '영원'의 개입이다. 반면에 진화론적 관점은 그러한 '영원'을 인정하지 않는다.

물론 테야르 드 샤르댕 같은 가톨릭계 진화론자는 진화의 '오메가

점'을 상정하기도 했지만, 일반적으로 진화란 방향성을 갖지 않는다. 따라서 역사주의적 진화론에서는 모든 결단과 행동이 연기되고 지체된다. 왜냐하면 상황은 언제나 너무 복잡하며 어떤 사안에 대한 찬반은 끝없이 이어지기 때문이다. 주저와 머뭇거림이 때론 심사숙고와 동일시되기도 하지만, 숙고가 행위를 대신하지는 못한다. "어디에다 '선'을 그을까요?"라는 물음에 대한 '정밀한' 답을 얻을 때까지 마냥 기다릴 수는 없지 않은가.

때문에 우리에게 필요한 것은 '급진적이고 폭력적인 단순화'다. 풀지 못할 만큼 엉킨 매듭을 푸는 방법은 애써 풀기 위해 시간을 낭비하는 것이 아니라 그냥 도끼로 그 매듭을 끊는 것이다. 그것이 '고르디아스의 매듭'을 푸는 방법이다. '고르디아스의 매듭'이란 프리지아의 왕 고르디아스가 복잡하게 묶어놓아 아무도 풀지 못한 매듭을 알렉산드로스가 칼로 끊어낸 데서 유래한 말이다. 복잡한 문제를 풀려면 때로 알렉산드로스와 같은 과감한 행동을 필요로 한다. "그것은 무한한 숙고에 의해 단순한 '예' 혹은 '아니오'로 구체화되는 불가사의한 순간이다." 즉 무한한 숙고가 '예/아니오'라는 아주 간단한 대답으로 결정화되는, 응결되는 순간이다.

지젝은 호모 사케르라는 개념이 갖는 진정한 급진성을 제거하려는 유혹에 맞서야 한다고 주장한다. 어떤 급진성인가? "9.11 이후에 풍부해진 인간의 존엄과 자유에 관한 현대 개념의 어떤 기본적인 구성 요소를 재고해주길 바라는 수많은 요청에 대해 분석할 수 있게" 해주는 급진성이다. 인용문에서 '풍부해진'이 수식하는 것은 '인간의 존엄과 자유'가 아니라 '재고해주길 바라는 수많은 요청'이다. 9.11 이후에 과연 인간의 존엄과 자유가 무엇인가에 대해 많은 의문이 제기됐고 논란이 벌어졌다는 뜻이다. 그리고 그런 상황에서 '호모 사케르'가 유익한 분석틀이 돼준다는 게 지젝의 판단이다. 그 한 가지 사례로 드는 것은 고문에 대한 논란인데, 2001년 11월 5일자 『뉴스위크Newsweek』에 실린 「고문에 대해 생각해볼 시간」이란 칼럼에서 조나단 올터는 이런 주장을 펼쳤다.

우리는 고문을 합법화할 수 없다. 이는 미국적 가치와 상반되기 때문이다. 그러나 세계 도처에서 자행되는 인권학대에 계속하여 반대를 표하는 동시에, 우리는 테러리즘과 싸우기 위한 특정한 수단, 가령 법원의 허가를 받은 심리적 심문 같은 수단에 대해 열린 마음을 가질 필요가 있다.(『실재의 사막』, 144쪽)

무엇에 대해 열린 마음인가? '심리적 심문'처럼 테러리즘과 싸우기 위한 보다 적극적인 수단이 강구되어야 한다는 것이다. 고문을 비인도적 수단으로 제쳐놓지 말고, 그런 수단 가운데 하나로 '열린 마음'으로 고려해볼 필요가 있다는 주장이다. 어불성설인가? 하지만 이 문제와 관련하여 '버젓한' 논쟁이 벌어졌고, 지젝은 이러한 논쟁이 갖는 의미에 대해서 신랄하게 짚어줄 것이다.

고문에 대한 토론

조나단 올터라는 칼럼니스트의 주장의 요점은 테러리즘에 대처하는 수단으로 고문도 배제하지 말자는 것이었다. '열린 마음'으로 말이다. 그의 주장은 이렇게 더 이어진다.

> 그리고 위선적인 일이긴 하지만, 우리는 일부 용의자들을 덜 까다로운 우리 동맹국으로 보내는 방안을 생각해보아야 한다. 누구도 이게 잘하는 짓이 될 거라곤 하지 않았지만 말이다.(『실재의 사막』, 144쪽)

여기서 '덜 까다로운 동료들'은 '덜 까다로운 동맹국'을 가리킨다. 미국에서는 고문이 불법이고 합법화하기도 어려운 만큼 용의자들을 심문하기가 어려우니까, 이들을 고문에 '덜 까다로운' 국가에 보내 심문하도록 하자는 제안이다. '잘하는 짓'은 아니겠지만 고려해봄 직하다는 얘기. 하지만 지젝은 이런 주장이 대단히 '외설적'이라고 비난한다. 먼저, 어째서 세계무역센터 공격이 고문의 정당화의 빌미가 되는가? 그보다 훨씬 더 끔찍한 일들도 세계 도처에서 일어나고 있는데 말이다. 그리고 둘째, 이런 생각이 뭐가 새로운가? 이미 미국은 CIA를 통해서 남아메리카와 제3세계에 수십 년 동안 고문을 '수출'해왔는데 말이다.

이러한 '외설성'을 지젝은 자유주의 법학자이자 논객인 앨런 더쇼비츠의 주장에서도 발견한다. "나는 고문에 찬성하지 않지만, 만일 당신이 그걸 할 생각이라면 틀림없이 법정 승인이 필요할 것이다"라는 게 더쇼비츠의 주장이다. 무엇이 문제인가? 그의 주장은 고문 합법화에 대한 여지를 제공한다는 것이다. 그의 주장의 요점은 "우리는 여하튼 그걸 하고 있기 때문에 그걸 합법화하는 것이 더 좋고, 그렇게 해서 과도한 것을 막을 수 있다!"라는 주장을 함축할 수 있다. 즉 (1) 우리는 여하튼 고문을 하고 있다, (2) 따라서 차라리 고문을 합법화하는 것이 더 낫다, (3) 그렇게 되면 과도한 고문을 오히려 막을 수 있다는 식이다.

더쇼비츠는 '째깍거리는 시계' 상황, 곧 테러 공격이 예정돼 있다거나 하는 아주 긴박한 상황에서는 고문이란 수단이 죄수의 인권에 반하지 않는다고 주장한다. 그러니까 그런 예외적인 상황에서는 고문이 허용될 수도 있다는 주장이다. 하지만 이런 주장의 근거는 무엇인가? "그러니까 받아 마땅한 처벌의 일부로서가 아니라, 단지 뭔가를 알고 있다는 이유로 사람을 고문하는 일이 허용되어야 한다는 것인가? 그렇다면 어째서 전쟁포로에 대한 고문도 합법화하지 않는가? 그들은 우리 편 군인 수백 명의 목숨을 구할 수 있는 정보를 지니고 있을지 모르는데?"(『실재의 사막』, 145쪽) 게다가 그런 식의 예외 상황은 언제든지 상시화·일반화될 수 있는 것 아닌가?(우리의 경우 유신정권의 '긴급조치' 같은 걸 떠올릴 수 있다. 북한과 대치하고 있는 '긴박한 상황'에 우리는 항시 처해 있는 것 아닌가!) 더쇼비츠 식의 '솔직한' 자유주의 논변에 반대하여 지젝이 옹호하는 건 '위선적' 태도다.

> 더쇼비츠의 솔직한 자유주의 논변에 반대하여, 우리는 역설적으로 명백해 보이는 '위선'을 고수해야 한다. 그렇다. 어떤 특정한 상황에서, 그가 입을 열면 수천 명을 구할 수 있는 '뭔가를 아는 죄수'와 마주했을 때 우리가 고문에 의지하게 되리라는 것은 충분히 상상할 수 있다. 그러나 이런 상황에서라도(정확히 말해 바로 이런 상황에서), 우리가 이 필사적인 선택을 보편적 원칙으로 승격시키지 말아야 한다는 점이 절대적으로 중요하다. 우리는 다만 그 순간의 불가피하고 가혹한 위급함 때문에 고문을 해야 한다.(『실재의 사막』, 145~146쪽)

요점은 우리가 어떤 상황에서도 그런 극단적인 선택을 보편적 원칙으로 끌어올려서는 안 된다는 것이다. 그런 의미에서 지젝은 고문에 대한 찬성

보다도 더 위험한 것이 고문을 '합법적인 논쟁거리'로 끌고 오는 것이라고
말한다.

> 간단히 말해, 그러한 논쟁이나 "열린 마음을 가져야 한다"는 충고 따
> 위는 진정한 자유주의자가 보기엔 테러리스트들이 승리하고 있다는
> 징후여야 한다.(『실재의 사막』, 146쪽)

고문을 합법적인 논쟁거리로 만드는 것이 왜 위험한 일인가? "그것은 전반
적인 영역을 변화시키는데, 이런 변화가 없다면 솔직한 옹호는 특이한 견
해로 남게 된다." 곧 문제의 지형을 바꿔놓는다는 뜻이다. 이미 예외적 상
황이라는 게 상시화될 수 있다고 말했지만, 지젝이 지적하는 것도 바로 그
대목이다.

> 여기서 문제는 근본적인 윤리적 전제의 문제다. 물론 단기적인 이득
> 이라는 면에서는(수백 명의 목숨을 살린다거나) 고문을 합법화할 수
> 있다. 하지만 이것이 우리의 상징세계에 미칠 장기적 영향은 어떨까?
> 우리는 어느 선에서 멈춰야 할까? 상습범들이나 이혼한 배우자에게
> 서 아이를 납치하는 부모 등을 고문해선 왜 안 되는가?(『실재의 사
> 막』, 147쪽)

여기서 대비되는 것은 '단기적인 이득short-term gain'과 '장기적 영향long-term
consequences'이다. '단기적인 이득'이 고문을 합법화할 수 있는 명분이 된다
면, '장기적 영향', 곧 장기적으로 악영향을 끼칠 수 있는 행위에 대한 처벌
로서 고문을 허용하는 것은 어떤지를 물을 수 있다. 고문은 어디서 중단되
어야 하는가?

9.11 테러 이후에 고문은 미국 사회에서 2002년 내내 사회적 이슈가
됐다. 한 가지 사례. "4월 초, 알카에다의 부사령관으로 추정되는 아부 주
바이다가 미군에 체포되자, '그를 고문해야 할까?'라는 문제가 매스미디어

에서 공개적으로 논의되었다."(『실재의 사막』, 147~148쪽) 고문 문제가 '공론 영역'에서까지 이슈화된 것이고, 럼스펠드는 자신의 우선순위는 미국 국민의 생명이지 테러리스트의 인권이 아니라고 말함으로써 공개적으로 고문으로 가는 길을 열어젖혔다. 하지만 지젝이 이보다 더 문제적이라고 보는 것은 고문을 합법적인 토론 논제로 수용하는 더쇼비츠의 논변이다.

합법적 고문

앨런 더쇼비츠에 대한 지젝의 비판부터 시작해보자. 테러리스트의 인권보다는 미국인의 생명이 우선이라고 주장하면서 럼스펠드가 고문으로 가는 길을 열었다면, 곧 '인권 침해' 비난 같은 장애물을 제거했다면, 지젝이 보기에 더쇼비츠가 한 일은 더 나쁜 쪽이다. "그는 럼스펠드의 발언에 대해 자유주의적인 대답을 했는데, 이를 통해 고문을 합법적인 논쟁 주제로 받아들인 한편, 사실상 반제 회의에서 유대인 말살에 대해 법률을 근거로 들어 반대한 이들과 같은 주장을 펼쳤다."(『실재의 사막』, 148쪽)

더쇼비츠는 '법률 존중주의자'의 입장에서 럼스펠드가 은연중에 옹호하는 고문에 반대한다. 체포된 알카에다 부사령관 아부 주바이다에 대한 고문에 반대하는 이유로 그는 두 가지를 든다. (1) 주바이다의 경우는 '째깍거리는 시계' 상황의 사례가 아니다, (2) 그를 고문하는 것은 합법적이지 못하다. 만약 고문을 합법화하려면 미국이 포로의 지위에 관한 제네바 협정을 더 이상 준수하지 않겠다고 공개적으로 선언해야 한다. 지젝이 보기엔 이러한 입장이 자유주의의 궁극적인 윤리적 실패를 보여준다. 어째서 그런가. '무지'하기 때문이다.

'반제 컨퍼런스Wannsee Conference'는 보통 '반제 회의'라고 칭하는데, 히틀러의 명령으로 베를린 근교 그로센반제에서 소집된 회의로 중앙안보국의 유대인 문제 담당국장 아돌프 아이히만을 비롯해 라인하르트 하이드리히가 이끄는 15명의 나치 관료가 참석했다고 한다. 이 회의에서 소위 유럽 유대인을 절멸시키는 '최종 해결책final solution'이 결정되었다. 본격적인 홀로코스트의 서막이었던 셈이다. 지젝은 고문에 대한 더쇼비츠의 반대는 '불법적'이라는 이유로 유대인 절멸 계획에 반대했던 반제 회의 법률가를 떠올려준다고 말한다.

> 어느 나이든 보수주의적 법률가가 회의에서 제안된 조처들이 암시하는 바(수백만 명의 유대인을 불법적으로 말살한다는 것)에 큰 충격을 받아 항의한다. "하지만 일주일 전에 총통을 찾아뵈었는데, 총통께서는 불법적인 폭력적 조처로 고통받는 유대인은 단 한 명도 없을 거라고 엄숙하게 보장해주셨습니다!" 회의를 주관하던 라인하르트 하이드리히는 법률가의 눈을 들여다보았고, 조롱 어린 미소를 지으며 말했다. "당신이 총통께 같은 질문을 다시 여쭈어도 그분은 똑같이 대답하실 게 분명하오!" 충격에 휩싸인 법률가는 요점을 깨달았다. 나치의 담론은 두 가지 수준에서 작동하며, 명시적인 진술의 수준은 공개적으로 인정되지 않는 외설적 이면에 의해 보충된다는 것을 말이다."(『실재의 사막』, 148~149쪽)

말하지는 않지만 암묵적인 이면이 있는 것이다. '법률 존중주의자'와 강경노선 간부 사이의 의견 차이는 거기에서 비롯됐다. 그리고 라인하르트 하이드리히가 '명백한 진술'만을 되뇌며 항의하는 법률가를 조롱하는 것도 어떻게 해서 그런 '이면'에 대해 무지할 수 있느냐는 판단에서다.

법률가의 입장은 어떤가. 그는 자신 또한 유대인들을 아주 미워하지만 그들에게 극단적인 조처를 가할 법적 근거가 없다는 쪽이다. "그들은 법이라는 대타자, 합법성이라는 법적 허위에 의해 채워지지 않는 결정의 심연과 직면하게 되어 겁을 먹었던 것이다."(『실재의 사막』, 149쪽) '최종 해결책'처럼 법에 의해 보증되지 않는, 법이라는 대타자에 의해 지지되지 않는 결정에 '법률 존중주의자'들이 매우 당혹스러워했다는 얘기다.

오늘날에는 호모 사케르의 삶에 대한 탈정치적 통제와 더불어 나치

법률존중주의자들의 마지막 의구심조차 사라졌다. 이제는 더 이상 행정적 조처가 법이라는 대타자에 의해 보증될 필요가 없다.(『실재의 사막』, 149쪽)

호모 사케르의 삶에 대한 탈정치적 통제는 이미 언급한 바 있다. 지젝은 이 탈정치 시대에는 그나마 그 '법률존중주의자'들마저 사라지고 없다고 말한다. 이런 과정의 전조는 1960~1970년대에 파라과이에서 있었다고 한다. 알프레도 스트로에스네스가 이끄는 권위주의 우파 체제는 예외 상태에 대한 논리를 극단까지 밀어붙였다(최근 위헌 판결을 받은 우리의 유신시대 긴급조치를 떠올릴 수도 있겠다). 당시 파라과이는 '정상적인' 의회민주주의 국가였지만, 스트로에스네스는 예외 상태론을 제기했다. "그러나 스트로에스네스는 전 세계적으로 자유주의와 공산주의의 투쟁이 벌어지고 있기 때문에 우리는 모두 긴급상태 속에 살아가고 있다고 주장했고, 그래서 헌법의 완전한 이행은 무기한 연기되었으며, 항구적인 긴급사태가 선포되었다."(『실재의 사막』, 150쪽) 그리고 이런 긴급사태는 4년에 한 번 선거일에만 정지됐다. '정상적인' 민주주의적 자유가 오히려 '예외'가 돼버린 것이다.

이러한 역전은 9.11 이후의 미국 사회에서도 감지된다. 테러리스트로부터 우리를 방어하기 위해선 우리의 자유를 제한한다는 논리는 '긴급사태'의 논리, 예외 상태의 논리를 반복하는 것이기 때문이다. 왜 긴급사태인가? 당시 부시 대통령의 표현을 빌리면 미국이 '전쟁 상태'에 놓여 있어서다. 하지만 어떤 전쟁인가? 절대 다수의 국민이 일상생활을 유지하고 있다면 전쟁은 어디에서 벌어지고 있는 것인가? 그런 상황을 '전쟁 상태'로 간주한다면, 전쟁과 평화의 구분 자체가 희미해져가는 시대에 우리가 살고 있다는 뜻이 된다. 평화 상태 자체가 동시에 위급한 긴급사태로 간주될 수 있는 시대 말이다.

여기서 구별이 필요한 것은 '테러와의 전쟁'을 앞세우는 자유주의적 전체주의(전체주의화하는 자유주의)의 긴급사태와 진정 혁명적인 긴급사태다(이것은 사도 바울이 '종말'이라고 말한 긴급사태다). 이 둘은 어떤 관계에 놓이는가?

> 국가기관이 긴급사태를 선언할 때는, 정의상 진정한 긴급사태를 피
> 하고 '사태의 정상적인 추이'로 돌아가려는 필사적인 전략의 일부로
> 서 선언하는 것이다. '긴급사태'라는 반동적 선포에는 모두 공통적인
> 특징 하나가 있다. 모두가 국민의 불안('혼란')을 막으려는 쪽으로 향
> 했고, 정상 상태를 회복하려는 결단으로서 제시되었다는 것이다. 아
> 르헨티나, 브라질, 그리스, 칠레, 터키에서 군부는 전반적인 정치화
> 라는 '카오스'를 억제하기 위해 긴급사태를 선포했다.(『실재의 사막』,
> 151쪽)

물론 이 국가들의 리스트에 한국 또한 포함될 수 있을 것이다. 여기서 '정
치화'라는 건 복수의 정치적 입장과 의견이 경합과 쟁투를 벌이는 '정상적
인' 정치 현상으로 이해하면 된다. 모든 반동적 독재 정권과 권위주의적 권
력은 그러한 정상성을 억압하고자 했던 것이다. 우리에게도 친숙한 구호,
"이런 광기는 중단되어야 합니다. 국민들은 평상시의 직업으로 되돌아가
야 하고 일은 계속되어야 합니다!" 요컨대, 긴급사태라는 반동적 선포는
진정한 긴급사태 자체에 대한 필사적인 방어책이다.

긴급과 예외의 논리

긴급사태와 예외 상태의 논리가 '긴급'과 '예외'를 상시화함으로써 오히려
진정한 긴급사태에 대한 필사적인 방어책으로 기능한다는 주장까지 봤다.
지젝은 유사한 사례를 더 든다. 먼저 미국이 핵무기를 사용할 수 있다고
천명한 잠재적인 표적 국가들(이란, 이라크, 북한, 그리고 중국과 러시아까
지 포함한다)의 목록보다도 더 중요한 것은 그 기저의 원칙이라는 점. 냉
전 시대에는 초강대국이 어떤 경우라도 핵무기를 먼저 사용하지 않는다는
암묵적인 룰이 있었다. 일종의 황금률이다. 그런 황금률이 작동한 것은 핵

무기의 사용이 결과적으로 모두를 파멸로 몰고 갈 것이라는 확신 때문이다. 그것이 핵무기가 갖고 있는 상호확증파괴Mutually Assured Destruction이다.

상호 파괴가 궁극적인 결과라면 핵무기 사용은 '미친 짓'에 불과하다. 거꾸로 이러한 인식 때문에 강대국의 핵무장은 서로 경계하는 핵 억지력으로 작용할 수 있었다. 그런데 테러와의 전쟁을 명분으로 앞세우면서 "이제 미국은 이런 언질을 파기했으며, 테러에 대한 전쟁의 일부로서 핵무기를 사용할 수 있는 첫 번째 국가가 될 준비가 되어 있다고 선언"한 셈이 됐다. 핵전쟁과 통상적인 전쟁 사이의 구분을 없애버린 것이다. 지젝은 칸트 철학의 용어를 빌려서 설명하는데, 과거 핵무기의 지위가 '초월적'이었다면 이제는 '경험적' 혹은 '병리적' 차원으로 떨어졌다고 할 수 있다.

이러한 변화는 2002년 2월에 미국 정부가 설립하려다 보류한 '전략영향국Office of Strategic Influence'에서도 감지된다는 게 또한 지젝의 지적이다. 위키피디아에 따르면, 2001년 10월 30일에 설립됐다가 2002년 2월 그 존재 사실이 공표되어 논란을 일으킨 기구인데, 주요 업무 가운데 하나는 "미국의 이미지를 세계에 퍼뜨리기 위해 외국 매체에 허위를 살포하는 것"이었다. 가짜 정보를 흘리는 '군사적 속임수military deception'을 전담하는 부서다. 합법적인 국가기관이 거짓말을 해도 되느냐는 논란을 불러일으키자 국방장관이었던 럼스펠드는 2월 말 이 부서를 폐쇄했다고 발표한다. 지젝은 이 사안이 단순히 거짓말을 공개적으로 인정할 수 있느냐는 문제에 한정되지 않는다고 말한다. 지젝은 "거짓말하는 남자보다 더 나쁜 게 있다면, 자기 거짓말을 고수할 만큼 강하지 못한 남자야!"라는 유명한 진술을 끌어들이는데(출처는 모르겠지만 여하튼 유명하다고 한다), 예를 들자면 이런 것이다.

이 말은 어떤 여자가 자기 애인에게 했던 대꾸이다. 여자의 애인은 다른 여자들과 온갖 형태의 성관계를 시도했지만 직접적인 삽입만은 피하려 했다. 아내에게 다른 여자와 성관계를 맺지 않았다고 주장할 때 그 말이 거짓말이 되지 않도록 말이다. 한마디로 그는 클린턴처럼 행동하고 싶었다. 여자는 애인에게 그런 상황에서는 완전한 거짓말—아내에게 혼외정사의 사실을 아예 부인하는 것—이 그가 선택한 진실을 가장한 거짓말이라는 전략보다 훨씬 더 정직한 태도일 거라고 대꾸했는데, 이 주장은 완전히 정당한 것이다.(『실재의 사막』, 153쪽)

정황 설명을 하자면 이렇다. 한 여자가 있었는데, 그녀의 유부남 정부는 온갖 성적 접촉을 시도하면서 직접적인 삽입만은 피하려고 했다. 이유는 아내에게 거짓말을 하지 않기 위해서. "난 결코 그녀와 성관계를 가진 적이 없다"라고 변명할 때 그게 거짓말이 아니려면 좁은 의미의 '성관계'가 뜻하는 삽입 행위는 배제해야 했던 것이다. 이런 케이스로 유명해진 인물은 빌 클린턴이다. 하지만 여자는 정부에게 이렇게 대꾸했다. 당신의 '진실을 가장한 거짓말lying in the guise of truth', 곧 '결코 성관계는 없었다'라고 둘러대는 전략보다는, '솔직한 거짓말outright lie', 곧 '만난 적도 없다'라고 말하는 편이 훨씬 더 정직한 태도라고.

그렇다면 전략영향국의 문제는 무엇인가? "그렇다면 이 계획이 신속히 보류된 것은 놀랄 일도 아니다. 국가기관이 다른 것도 아니고 거짓말을 유포하는 일이 그 주된 목적이라고 말하는 것은 자멸적이다. 물론 이는 거짓말을 공식적으로 유포하는 일이 앞으로도 계속될 것임을 의미한다."(『실재의 사막』, 153쪽) 그런 기관을 두겠다는 발상 자체가 대단히 노골적이면서도 순진한데, 실상 거짓말을 효과적으로 퍼뜨리기 위해서라도 그런 기관의 존재는 부인되어야 하기 때문이다.

지젝은 여기서 카를 슈미트Carl Schmitt의 교훈을 되새겨보자고 말한다. 정치란 친구와 적을 구분하는 일이라고 정의한 정치철학자 말이다. 그때 친구/적의 구분이 사실적인 차이를 재현하는 것을 뜻하지 않는다. 누가 친구이고 누가 적인지 눈에 보이는 대로 분류하는 게 아니라는 말이다.

적은 그 정의상 언제나—적어도 어느 정도까지는—눈에 보이지 않

는다. 적은 우리 중 하나처럼 보이며 직접 알아볼 수 없다. 정치투쟁
의 커다란 문제와 과업이 알아볼 수 있는 적의 이미지를 제공하는/
구성하는 일인 것은 그런 까닭에서다.(『실재의 사막』, 153쪽)

그렇게 적의 이미지가 구성·제공된다고 할 때 왜 걸핏하면 유대인이 '적'
으로 등장하는지가 설명된다. 그것은 유대인들이 자신의 진짜 이미지나
윤곽을 숨겨서가 아니다. 사실은 그들의 거짓 외관 밑에는 아무것도 없다.
그들에겐 고유한 민족적 정체성을 담고 있는 '내적 형식'이 결여돼 있다. 그
래서 말하자면 "민족 가운데 비민족이다They are a non-nation among nations." 곧
실체가 없으니 내키는 대로 조작하고 가공할 수 있다는 것이다. 요컨대
"'적으로의 인식'은 항상 수행적performative 과정으로, 이는 거짓 외관과는 대
조적으로 빛으로 이끌어 적의 '진정한 얼굴'을 구성한다."(『실재의 사막』,
154쪽)

　　냉전 시대에는 물론 소련과 동구권 공산주의 국가들이 서구에 '적'의
형상이 돼주었다. 하지만 그들 국가들이 붕괴·해체되면서 적에 대한 서구
의 상상력도 혼란스러워졌는데, 9.11 이후에 비로소 제대로 된 '적'을 발견
하게 된 형국이다.

12장   관용주의의 한계

친구냐 적이냐

"9.11 사태가 일어나고 나서야 이 상상력은 이슬람 근본주의자 그 자체인 오사마 빈 라덴의 이미지와, '눈에 보이지 않는' 그의 조직망 알카에다의 이미지를 구축해냄으로써 그 힘을 되찾게 되었다."(『실재의 사막』, 154쪽) 지젝이 보기에 이러한 상황이 뜻하는 바는 "우리의 다원적이고 관용적인 자유민주주의가 철저히 슈미트적이라는 것"이다. 어째서 그런지 지젝의 설명을 조금 더 들어본다.

> (우리의 자유민주주의는) 보이지 않는 적을 드러내주는 적절한 형상을 제공하기 위해 정치적인 구상력에 계속하여 의존하고 있다. 이 적은 다원적인 관용에 대한 근본주의적 적대자라 규정되는데, 이 사실은 친구/적이라는 이분법적 논리를 중단시키기는커녕, 단지 그것을 재귀적으로 비틀기만 했을 뿐이다.(『실재의 사막』, 154~155쪽)

다원적 관용주의가 얼핏 '관용적'인 것처럼 보이지만, 근본주의를 적대자로 규정함으로써 '친구냐 적이냐'라는 슈미트식 이분법을 그대로 고수한다는 얘기다. 그러한 이분법을 중단시키기는커녕 약간 비틀기만 했다는 것이다. 그리고 이러한 '재정상화'의 대가로 적의 형상은 근본적인 변화를 겪는다. 이러한 변화의 내용과 그 귀결은 무엇인가?

> 적은 더 이상 '악의 제국', 즉 영토를 점유한 또 다른 실체(국가나 국가들의 연합)가 아니라, 무법성(범죄성)이 '근본주의적인' 윤리적-종교적 광신과 부합한 불법적이고 비밀스런—거의 가상적인—전 세계적 조직망이다. 그리고 이 실체에는 분명한 법적 신분이 없기 때문

에, 이 새로운 형상은—적어도 근대성의 도래 이후부터는—국가 간
관계를 조정해왔던 국제법이 종말을 맞이함을 함축한다.(『실재의 사
막』, 155쪽)

레이건의 유명한 호명대로 냉전 시대에는 '악의 제국'이라는 명백한 적이
규정돼 있었다('악의 제국'은 당시 소련을 지칭한 말이었다). 하지만 오늘
날의 적은 더 이상 어떤 영토를 점유하고 있는 실체가 아니다. 국가도 아
니고 국가들의 연합도 아니다. 그것은 알카에다처럼 '거의 가상적인, 전 세
계적인 네트워크'일 따름이다. 그리고 이런 '실체'는 법적 신분을 갖지 않기
때문에, 당연한 말이지만 국가 간 이해관계를 조정하기 위해 탄생한 국제
법이 적용되지 않는다. 그래서 '국제법의 종말'도 함축한다는 얘기다.

　　오늘날 테러와의 전쟁에서 '적의 형상'은 무엇인가? 지젝은 '반동적
근본주의자'와 '좌파 시위자'의 압축이 아닌가라고 지적한다(물론 미국의
자유주의자들이 보기에 그렇다는 것이다). 서로 대립적인 형상이지만, '적'
이란 기표는 실제적인 정적들을 통합하는, 한데 묶어주는 '누빔점' 역할을
한다. 『뉴욕 타임스 매거진The NY Times Magazine』에 실린 한 기사의 제목이
「국내 테러리즘의 색깔은 녹색이다」라는 사실이 모든 걸 말해준다고 지젝
은 꼬집는다. 한 사람도 죽인 적이 없는 녹색당원들에게 오클라호마 폭파
테러나 탄저균 소동 등의 모든 원인을 덮어씌우는 식이다. 2002년의 일이
니만큼 현재의 정세와는 약간 차이가 나겠지만, 당시엔 모든 현상들의 기
저에서 '테러'와의 연관성을 찾아내려고 했다. 기표의 은유적 보편화다. "당
신이 약물을 구입하면 테러리스트한테 돈을 지불하게 됩니다!"라는 TV 캠
페인 광고까지 나왔다고 하는데, 여기서 '약물'은 물론 '마약류'를 가리키는
것이다.

　　호모 사케르의 문제를 다룬 4장에 이어서 5장의 제목은 '호모 사케르
에서 이웃으로From Homo Sacer to the Neighbour'이다. 지젝은 서두에서 자신이
베를린에서 직접 목격한 인종 차별적 폭력을 떠올린다. 한 독일인이 베트
남인의 길을 가로막으며 괴롭히는 장면을 목격한 것인데, 이 독일인은 신

체적 위해는 전혀 가하지 않으면서 단지 베트남인이 가려던 길만 막아섰다. 그리고 베를린 번화가에서 이런 일이 벌어지고 있었음에도 다른 행인들은 모두 무시하는 척하면서 그냥 지나갔다. 이러한 '부드러운' 괴롭힘이 신나치 스킨헤드들의 잔인한 신체 공격과 어떤 차이가 있을까? 어쩌면 더 나쁜 것은 아닐까라고 지젝은 질문한다. 왜냐하면 이런 괴롭힘은 행인들의 반응이 보여주듯이 그냥 '일상적인 일'로 수용되기 때문이다(스킨헤드들이 직접 폭력을 휘둘렀다면 행인들의 반응은 달라졌을 것이다). 지젝의 문제의식은 무엇인가?

그리고 나는 우리가 다른 이들을 '호모 사케르'로 취급하게 될 때에는 이와 비슷한 무감각한 반응, 일종의 윤리적 판단 중지가 동원된다고 주장하고 싶다. 그렇다면 우리는 이 곤경을 어떻게 탈출해야 할까?(『실재의 사막』, 160쪽)

'부드러운 괴롭힘'이라는 사례에 대해 무감각하게 반응하는 일이 그러한 판단 중지의 사례다. 이러한 '곤경'을 어떻게 돌파해야 하는가? 지젝은 이스라엘에서 벌어진 한 가지 사례를 든다.

2002년 1월과 2월, 이스라엘에서 획기적인 사건이 일어났다. 수백 명의 예비군이 점령지에서 근무하라는 명에 조직적으로 거부를 표한 것이다. 이 '명령 거부자들'(그들은 이렇게 불렸다)은 단순히 '평화주의자'였던 것은 아니었다. 공식 선언문에서 그들은 자신이 아랍국가들과의 전쟁에서 이스라엘을 위해 싸우며 의무를 다했음을 강조했고, 개중에는 높은 훈장을 받은 이들도 있었다. 그들의 단순한 주장은(그리고 윤리적인 행위에는 언제나 뭔가 단순한 면이 있다) "어떤 민족 전체를 지배하고, 쫓아내고, 굶기고, 모욕을 가하기 위해서" 싸우는 일에는 동의할 수 없다는 것이었다.(『실재의 사막』, 160~161쪽)

'명령 거부자들'은 점령지에서 근무하라는 명령을 조직적으로 거부했다. 이들은 아랍국가들과 전쟁을 하는 거라면 얼마든지 조국을 위해 나가 싸우겠지만, 점령지에서 팔레스타인인들을 괴롭히고 못살게 구는 일은 하지 않겠다는 것이다. 대개의 윤리적 행위를 낳는 '단순한' 이유다.

현실에서 팔레스타인인들이 겪고 있는 곤경은 어떤 것인가? 지젝은 '심리적 굴욕의 미시정치학'이라고 부르는데, "기본적으로 팔레스타인인들은 엄격한 훈육과 처벌을 통해 제대로 된 삶으로 되돌려놓아야 할 악동처럼 다뤄지고 있다."(『실재의 사막』, 162쪽) 팔레스타인인에 대한 이스라엘의 기본 전략이 '악동 길들이기'라는 것인데, 어떤 점에서 그러한지 그 구체적인 사례부터 살펴보도록 하겠다.

네 이웃을 사랑하라

이스라엘이 팔레스타인인을 엄격한 훈육과 처벌로 다스려야 하는 '악동'처럼 취급한다는 지젝의 지적까지 언급했는데, 구체적인 사례를 들어본다.

> 팔레스타인 보안대가 폭탄 공격을 받는데, 동시에 하마스 테러리스트들을 엄격하게 단속하라는 압력이 그들에게 가해지고 있다는 상황이 얼마나 우스꽝스러운지 생각해보라. 공격을 받고, 게다가 이런 공격을 그저 감수해내야 하는 처지에서—그들이 자기 방어와 반격에 나선다면 다시금 테러리스트로 내몰리게 된다—매일같이 굴욕을 당하는데, 팔레스타인 주민의 눈에 비친 그들이 어떻게 최소한의 권위를 유지할 수가 있겠는가?(『실재의 사막』, 162쪽)

어떤 상황인가? 팔레스타인 자치정부의 보안대를 일상적으로 모욕하고 무력화시키는 가운데, 그들에게 한편으론 대이스라엘 강경파인 하마스를 통제하라고 요구하는 것이 얼마나 우스꽝스러운 노릇인가 생각해보라는 것이다. 자신들의 보안대가 그렇게 무기력하고 스스로 방비할 수도 없다면 팔레스타인 사람들이 '다른 노선'에 의지하는 것은 지극히 당연하다. 한데, 또 그렇게 다른 노선으로 기울려 하면 다시금 테러리스트로 내몰아 맹포격을 가하곤 하는 것이 이스라엘의 팔레스타인 대처법이다.

이러한 부조리한 상황의 정점은 2002년 3월 말 자치정부의 수반인 아라파트를 연금시켜놓고 그에게 테러를 중단시키라고 요구한 사실이다. 이스라엘군의 통제하에 놓여 있는 '무기력한' 아라파트에게 팔레스타인 강경파를 통제할 만큼 강력한 통치력을 발휘하라고 요구한다는 건 난센스 아닌가? 이런 것이 소위 '화용론적 역설'이다. 뱀이 자기 꼬리를 물고 있듯이 말이 자기 말을 집어삼킨다는 뜻이다. '낙서 금지'라고 써놓은 '낙서'처럼. 그러한 행위의 진짜 메시지는 무엇일까?

진정한 암시적 명령은 오히려 그 반대로 이런 것 아닐까? '우리는 당신들에게 우리에게 저항할 것을 명령한다. 그래야 우리가 당신들을 진압할 수 있으니까.' 다시 말해, 현재 이스라엘이 팔레스타인 영토를 침략한 진짜 목표가 앞으로 있을지 모를 테러공격을 예방하려는 것이 아니라 사실은 '배수진을 친다'는 것, 가까운 미래에 평화적인 해결책이 나올 수 없을 정도의 수준으로 증오를 높이려는 것이라면 어떤가?(『실재의 사막』, 162~163쪽)

그러니까 팔레스타인에 대한 이스라엘 공격의 진짜 목표는 테러 공격에 대한 예방이 아니라 오히려 평화적 해결의 봉쇄에 있다는 점, 도발하고 저항하도록 유인함으로써 공격의 빌미를 얻어내고, 또 군사작전을 수시로 감행함으로써 이 지역의 평화가 아직 요원하다는 인식을 팔레스타인뿐만 아니라 주변 세계가 갖게끔 하는 것이 그들의 전략이다.

이와 관련한 미국의 태도는 무엇인가? 지젝은 2002년 4월 1일 미국 TV에 방영된 깅리치의 논평이 정확하게 표현해준다고 말한다. 깅리치는 이렇게 말했다. "아라파트가 실질적으로 테러 집단의 우두머리니까 우리는 그를 끌어내리고 민주적으로 선출된 새로운 지도자로 바꿔서 이스라엘

국가와 타협할 준비가 갖춰지길 바랍니다." 소위 이것이 미국의 '부조리한' 견해이고 입장이다. 하지만 정작 미국은 그렇게 '민주적으로 선출된 새로운 지도자'를 맞이할 준비가 돼 있을까? 실제적인 문제는 이런 것이다.

> 만일 팔레스타인에 '진정으로 민주적인'(물론 미국이 말하는 의미로) 침묵하고 있는 다수는 그저 없을 뿐이라면 어떨까? 이스라엘이 연대 책임과 처벌이라는 논리를 체계적으로 적용해 테러 혐의자의 가족과 친척의 집까지 파괴하는 상황이기에, '민주적으로 선출한 새로운 지도자'는 훨씬 더 반이스라엘적 성향일 거라면 어떤가?(『실재의 사막』, 163~164쪽)

인용문의 뒷부분은 인과 관계가 전도돼 있는데, '민주적으로 선출된 새로운 지도자'가 반이스라엘적이 될 가능성이 높은 것은 이스라엘군의 폭력적인 행태 때문이다. 이스라엘군은 연대 책임을 물어서 테러 혐의자 가족의 집까지 파괴하고 나섰는데, 팔레스타인인 다수가 그런 이스라엘을 지지할 가능성이 과연 있겠는가? 그러니 '민주적으로 선출된 지도자'로 교체되길 바란다는 미국식 수사는 스스로도 감당할 수 없는 결과를 초래할 '속 빈 수사'에 불과하다.

하지만 그렇듯 이스라엘의 '잔인하고 독단적인 처우'가 요점은 아니다. 요점은 이스라엘이 점령한 지역의 팔레스타인인의 처지가 호모 사케르의 처지라는 것이다. 즉 그들은 '온전한 시민'이 아니라 훈육적 처벌 대상이거나 인도주의적 원조의 대상일 뿐이다. 처벌 대상과 원조 대상이라는 일견 모순적인 지위는, 하지만 생체정치의 대상으로서 호모 사케르가 갖는 양면성일 뿐이다. 이스라엘군의 일부 '명령 거부자들'이 거부한 것도 바로 그것이다. 즉 "명령 거부자들이 달성한 것은 호모 사케르에서 '이웃'으로의 이행이다."(『실재의 사막』, 164쪽)

그들은 팔레스타인인들을 '동등한 온전한 시민'이 아니라 정확히 유대교-기독교적 의미로서의 '이웃'으로 대우한다. 그리고 사실은 이것이 오늘날 이스라엘인들에게 있어 어려운 윤리적 시험이다. '네 이웃을 사랑하라!'는 말은 '팔레스타인 사람들을 사랑하라'(팔레스타인인들이야말로 이스라엘인의 이웃이다)는 뜻이며, 그렇지 않다면 아무런 의미가 없다.(『실재의 사막』, 164쪽)

즉 이스라엘 사람에게 가장 전범적인 이웃은 팔레스타인 사람인 만큼 "네 이웃을 사랑하라!"라는 계명은 곧바로 "팔레스타인 사람들을 사랑하라!"로 치환될 수 있어야 한다. 그렇지 않다면 그 계명은 아무런 의미도 갖지 못할 것이다. 이스라엘은 과연 그러한 사랑의 역사役事를 성취할 준비가 돼 있는 것일까? 그런 사랑이야말로 또한 현실의 좌표계를 변화시키는 진정한 기적이 아닐까?

진도를 더 나가기 전에 지젝의 각주 하나만 같이 읽어본다. 유대-기독교적 사랑과 불교적 자비의 차이점에 대해 지적하는 부분이다. "여기서 우리는 유대-기독교의 이웃에 대한 사랑과, 불교의 고통에 대한 자비의 차이에 주목해야 한다. 이 자비는 불안을 일으키는 타자가 가진 욕망의 심연이란 의미에서의 이웃에 대한 것이 아니다. 궁극적으로 우리 인간이 동물과 공유하는 고통에 대한 동정을 말한다."(『실재의 사막』, 164쪽) 즉 그 차이란 유대-기독교적 사랑이 '이웃' 사랑인 데 반해서 불교의 자비는 '고통'에 대한 자비(동정)라는 점이다. '이웃'은 불안을 불러일으키는 대타자의 욕망의 심연을 가리킨다. 그런 '심연'에 대한 의식을 불교는 갖고 있지 않다. 환생론에 따르면 그래서 인간은 동물로도 얼마든지 다시 태어날 수 있다.

호모 사케르에서 이웃으로

이스라엘 '명령 거부자'들은 팔레스타인 사람들을 '호모 사케르'가 아닌 '이웃'으로 대우하고자 했다는 점에서 '윤리적 행위'란 게 어떤 것인지를 보여주었다.

이런 거부에 대해서는 아무리 열광해도 지나치지 않지만, 의미심장하게도 매스미디어에서는 이를 평가절하해 보도했다. 이처럼 선을 긋는, 참여하기를 거부하는 제스처는 진정한 윤리적 행위이다. 성 바울의 표현을 빌리면, 정말로 유대인과 팔레스타인인의 구분이 사라지는 것, 정치공동체의 구성원과 호모 사케르의 구분이 사라지는 것은 바로 이런 행위 속에서이다.(『실재의 사막』, 164쪽)

지젝은 어떤 일에 참여하길 거부하는 '바틀비적 태도'를 윤리적 행위의 전범으로 간주하는데, 이 '명령 거부자들'이야말로 거기에 해당한다. 그것은 사도 바울적 제스처이기도 하다. 즉 믿는 자와 믿지 않는 자가 있을 뿐 더 이상 유대인과 팔레스타인인 사이의 구분은 없다고 말하는 제스처다.

　　한국인이라면 한국 국적을 갖고 있는 성인을 가리킨다. 원칙적으로 선거권과 피선거권을 가지며 정치적 의사 결정에 참여할 수 있는 자격을 갖춘 이가 '정치 공동체의 구성원'이다. 물론 호모 사케르는 그러한 자격을 박탈당한 이를 가리킨다. 그렇다면 이러한 사도 바울적 제스처가 시사하는 바는 무엇인가.

　　여기서 우리는 당당하게 플라톤주의자가 되어야 한다. 이러한 거부는 경험적 현실이라는 일시적인 영역 속에 영원한 정의가 잠시 나타나는 기적적인 순간을 나타낸다. 이런 순간의 인식은 이스라엘 정책에 대한 비판에서 종종 뚜렷하게 감지할 수 있는 반유대주의적 유혹에 대한 최고의 해독제이다.(『실재의 사막』, 164~165쪽)

명령 거부자들의 '거부no', 곧 부정의 제스처는 "경험적 현실이라는 일시적인 영역 속에 영원한 정의가 잠시 나타나는 기적적인 순간을 나타낸다"이다. 그리고 이런 것이야말로 반유대주의적 유혹에 대한 강력한 해독제가 된다는 것이 지젝의 생각이다. 그는 이런 '불가능한' 윤리적 행위야말로 어떤 상황 변화와 재난 앞에서도 의미를 잃지 않을 윤리적 행위라고 말한다. '불

이스라엘과 팔레스타인의 평화를 기원하는 그림.

가능한'이라고 수식한 것은 그것이 상징적 좌표계 혹은 상징적 질서의 바깥에 속하기 때문이다(지젝에게 '행위act'란 그러한 좌표계를 변화시키는 돌파 행위를 말한다). 지젝은 한 번 더 그러한 행위의 의의에 대해 강조한다.

> 특히 이스라엘과 팔레스타인 사이의 악순환적 폭력이 점차 그 자체의 자가 발전 과정에 빠져들어 미국의 개입도 통하지 않는 것이 명백한 지금(2002년 봄), 이 악순환을 중단시킬 수 있는 유일한 방법은 기적적인 행위뿐이다.(『실재의 사막』, 165쪽)

아이들이 서로 상대방의 뺨 때리기 놀이를 하다가 점점 과열되어가는 과정이 말하자면 '자가 발전' 과정이다. 옆에서 선생님이 말려도 소용없을 때가 있지 않은가. 이스라엘과 팔레스타인 사이의 악순환적 폭력도 마찬가지다. 서로가 상대방의 공격에 대한 '피의 보복'을 다짐하게 되면 결과적으로 그 악순환에서 빠져나올 수 없게 된다. 더 나아가 최악의 경우엔 미국의 개입도 소용없게 될 것이다. 그런 보복과 폭력의 악순환을 중단시킬 수 있는 유일한 조처가 바로 명령 거부자들이 보여준 것과 같은 기적적인 행위, 곧 윤리적 행위다.

> 오늘날 우리의 의무는 그런 행위들, 그런 윤리적 순간들을 따르는 것이다. 가장 나쁜 죄는 그런 행위들을 '죄 없는 사람은 아무도 없다'는 허위적 보편성 속에 희석시키는 것이다. 이런 게임은 언제나 할 수 있고, 또 당사자에게 두 가지 이득을 안겨준다. 하나는 투쟁에 연루된 이들에 대한 자신의 도덕적 우월감을 유지할 수 있다는 것('결국 다 똑같은 놈들이지')이고, 다른 하나는 스스로 완전한 책임을 떠안고 상황을 분석하며 한쪽 편을 드는 어려운 임무를 피할 수 있다는 점이다.(『실재의 사막』, 165쪽)

이 대목에서 지젝이 윤리적 행위와 대비시키는 것은 '허위적 보편성'이다.

"잘못이 없는 사람이 어디 있겠느냐no one is pure"라는 양비론적 태도로 윤리적 행위의 의미를 '물타기'하는 것이 가장 나쁜 죄다. 그런 물타기는 실상 다반사로 이루어진다. 왜냐하면 두 가지 이득이 있기 때문이다. 어떤 이득인가? 우선 "결국은 다 똑같은 놈들이지ultimately all the same"라고 말함으로써 은연중에 자신은 그들보다 도덕적으로 더 낫다는 점을 과시하게 된다. 양비론자들은 이런 식으로 말한다. "민간인까지 공격하는 이스라엘 놈들이나, 그렇다고 폭탄 테러를 저지르는 팔레스타인 놈들이나 다 똑같은 놈들 아냐? 서로 좀 양보하면 되는 걸 갖고 말이야."

이렇게 모든 책임을 양쪽에 전가함으로써 얻을 수 있는 다른 이득은 "스스로 완전한 책임을 떠안고 상황을 분석하며 한쪽 편을 드는 어려운 임무"(『실재의 사막』, 165쪽)를 피할 수 있다는 점이다. 그 반대의 태도가 자기 자신을 연루시키고 책임을 떠안는 것이다. 양비론자들처럼 "너희 둘이 잘못했으니까 너희들이 책임져!"라고 말하는 것이 아니라, "그래 나도 책임에서 면제되지 않는다!"라며 나의 잘못과 책임을 발견, 인정하는 것이다. 그 책임은 어떻게 질 수 있는가? 문제적 상황을 면밀히 분석하고 정확하게 한쪽 편을 지지함으로써다. 누구의 잘못과 책임이 더 큰지를 분명하게 가려내고 그에 대해 책임을 지도록 하는 태도가 필요한 것이다. 만약 그렇게 하지 않는다면, 술에 물 탄 듯이 모든 것이 흐리멍덩해질 것이다. "제2차세계대전 이후 형성된 파시즘에 반대하자는 약속은 최근 들어 마치 천천히 깨져가는 것 같다."(『실재의 사막』, 165~166쪽) 어떤 점에서 그렇게 볼 수 있으며 그 부정적 결과는 무엇인지 살펴보기로 한다.

무엇이 문제인가

"제2차세계대전 이후 형성된 파시즘에 반대하자는 약속은 최근 들어 마치 천천히 깨져가는 것 같다."(『실재의 사막』, 165쪽)는 대목에서 다시 시작해 보자. '순결한 사람은 아무도 없다'는 논리, 곧 '털어서 먼지 안 나는 놈 없 다'는 식의 논리가 도달하게 되는 부정적 귀결을 지적하는 대목인데, 제2 차세계대전의 교훈으로 그간 파시즘만이 부정하다는 약속(묵계)이 지켜져 왔지만 그게 와해되고 있다는 얘기다.

'역사가-수정론자들historians-revisionists'은 홀로코스트의 실체를 부정하 거나 의문시하는 수정주의 역사학자들을 가리키는 것으로 보인다. 더불어 파시즘에 대한 재평가를 시도하는 에른스트 놀테 같은 경우도 '수정주의' 의 대표 격이다. 그가 '수정'하고자 하는 견해는 파시즘에 대한 일방적인 비 판과 부정으로, 그가 보기에 파시즘이 나쁜 건 맞지만 공산주의의 위협에 대한 대응으로서 불가피한 면이 있으며 또 그에 비하면 차악에 불과하다. 이러한 지식 사회의 수정주의에서부터 '신우파 포퓰리스트new right populists' 까지 파시즘이 뭐 그렇게 대단하게 나쁜 것인가란 의문이 제기되면서 '반 파시즘'을 구호로 내건 사회적 연대가 흔들리고 있다. "금기들이 무너지고 있다taboos are tumbling down"라는 표현은 그것을 가리킨다.

역설적이게도, 반파시즘의 약속을 무너뜨리는 이들이 끌어들이는 것 은 다름 아닌 희생의 자유주의적 보편화 논리이다. '물론 파시즘의 희생자들이 있었지만, 제2차세계대전 이후에 추방된 다른 희생자들 은 어떤가? 1945년 체코슬로바키아의 자기 집에서 쫓겨난 독일인들 은 어떤가? 그들 역시 (재정적) 보상을 받을 권리가 있지 않은가?' 돈 과 희생의 이런 기묘한 결합은 오늘날 화폐 물신주의의 한 형식이다

(심지어 그 '진실'일 수도 있다). 많은 이들이 홀로코스트가 절대적인 범죄라고 되풀이해 말하지만, 모두가 그에 대한 적절한 금전적 보상에 대해 생각한다…….(『실재의 사막』, 166쪽)

첫 문장에서 '약속'은 앞에서 본 대로 '반파시즘'을 내용으로 한다. 그걸 무력화하는 이들이 끌어들이는 게 '희생의 자유주의적 보편화 논리liberal universalized logic of victimization'다. 알고 보면 다 희생자 아니냐는 논리다. 가령 파시즘에 대해서 비난들을 하지만 제2차세계대전 이후에 추방된 희생자들은 어떻게 설명해야 할까? 공평하게 말하자면 1945년 체코슬로바키아에서 추방된 독일인들도 희생자들 아닌가? 만약 홀로코스트 희생자들에게 금전적 보상을 해야 한다면 이들 독일인 희생자들에 대해선 어떤가? 이들도 보상을 받아야 하는 것 아닌가? 등등이 그런 논리에서 제기되는 물음들이다.

지젝은 특별히 보상 문제와 관련하여 희생과 돈을 연계하는 것이 오늘날 화폐 물신주의money fetishism의 한 형식이라고 말한다. 아니 심지어 화폐 물신주의의 '진실'이라고 말한다. 홀로코스트가 결코 상대화될 수 없는 절대적인 범죄라고 입버릇처럼 말하면서 사람들은 동시에 적절한 '보상'을 이야기한다(그게 어떻게 가능한가? 일종의 난센스다). 그렇다면 수정주의의 핵심은 '상대주의'라고 말할 수도 있겠다. "연합군이 드레스덴을 폭격한 것도 불필요한 일이 아니던가?"라는 식의 상대화다. "따지고 보면 연합군도 실수한 것, 잘못한 것이 있지 않느냐. 히틀러만의 잘못은 아니다"라는 식. 하지만 정작 그런 '보편주의'가 정작 필요한 쪽은 테러와의 전쟁이 아닐까.

따라서 미국의 '테러와의 전쟁'의 허위를 드러낼 수 있는 가장 좋은 방법은 그저 그것을 보편화해보는 것이다. 미국을 따라 다른 나라들도 각자 동일한 권리를 주장했다. 이스라엘은 팔레스타인에 대해, 인도는 파키스탄에 대해 말이다. 파키스탄의 지원을 받은 테러리스트들이 인도 국회의사당을 공격한 이후, 파키스탄에 군사적으로 개입할 동일한 권리를 주장하는 인도에게 우리는 뭐라고 할 수 있을까? 그리고 오늘날 미국이 의지하고 있는 '테러리스트'의 정의에 확실히 부합하는 이들의 신병 인도를 거부하는 미국 정부에 대해, 다른 나라 정부들이 했던 과거의 모든 요구들은 또 어떠한가?(『실재의 사막』, 176~177쪽)

팔레스타인에 대해서 이스라엘이, 파키스탄에 대해서 인도가 동등한 권리를 주장할 때 우리는 최소한 미국을 말릴 권리가 없지 않을까? 물론 그럼에도 이스라엘과 팔레스타인의 관계는 뭔가 예외적이며, 어떤 징환적 매듭 symptomal knot의 문제라고 지젝은 지적한다. "이 분쟁에서는 우리가 마주하는 것이 중동 위기의 징환적 매듭, 곧 끊임없이 되돌아와 모든 당사국들에 망령처럼 들러붙는 그 실재라는 점이 명확하다."(『실재의 사막』, 177쪽)

중동 위기의 '징환적 매듭'이라는 것은 곧 그 실재the real다. 얘기인즉 어떤 실재가 끊임없이 되돌아와서 중동 위기의 관련 당국들에 망령처럼 들러붙는다는 것이다. 그래서 협상이 잘 타결될 만하면 다음 순간 곧 모든 조처를 무력화하는 사건이 발생하곤 한다. 징환, 혹은 증환은 환상을 넘어서까지도 잔존하는 병리적 형성물을 가리킨다. 이것이 이스라엘과 팔레스타인이 처한 갈등 관계의 무엇을 설명해줄 수 있는지 살펴본다.

갈등의 진실

이스라엘과 팔레스타인 간의 '징환적 매듭' 같은 문제를 다시 생각해보자. 지젝은 이 매듭에서 둘의 역할이 뭔가 전도돼 있다고 지적한다. 무엇이 뒤바뀐 것일까?

서구의 자유주의적 현대성을 공식 대표하는 국가인 이스라엘은 제 민족적-종교적 정체성이라는 면에서 스스로를 정당화한다. 반면 전근대적인 '근본주의자'라 비난받는 팔레스타인인들은 세속적인 시민

권의 측면에서 자신들의 요구를 정당화한다.(『실재의 사막』, 177쪽)

다시 말하면, 공식적으론 서양의 자유주의적 현대성을 대표하는 이스라엘이지만 역설적이게도 그 존재를 정당화하는 것은 민족적-종교적 정체성(유대인/유대교)이고, 전근대적인 근본주의자로 치부되는 팔레스타인 사람들이 요구하는 것은 세속적 시민권이다. 이런 상황에서 이스라엘의 '명령 거부자들'이 보여준 진실은 무엇인가?

> 요점은 다만 이스라엘 방위군 예비병들의 명령 거부가 이슬람 광신자들과 싸우는 문명화된 이스라엘의 자유주의자들이라는 단순한 대립 구도를 완전히 무너뜨리는 상황의 한 측면을 내보였다는 것이다. 바로 이스라엘이 한 민족 전체를 호모 사케르의 지위로 전락시켰다는 측면, 법적으로 명시화돼 있거나 명시화돼 있지 않은 규제들 속으로 몰아넣음으로써 그들이 정치공동체의 구성원으로서 갖는 자율성을 박탈했다는 측면이다.(『실재의 사막』, 177~178쪽)

'이스라엘 대 팔레스타인'이라는 대립 구도가 "이슬람 광신자들과 싸우는 문명화된 이스라엘의 자유주의자들"이 아니라는 것이며, '명령 거부자들'은 이러한 허위적 대립 구도를 완전히 무너뜨렸다는 지적이다. 또한 그들이 폭로한 것은 이스라엘이 한 민족 전체를 호모 사케르의 상태로 전락시켰다는 점이다. 곧 팔레스타인 사람들을 법적으로 명시화돼 있거나 명시화돼 있지 않은 규제들 속으로 몰아넣음으로써 그들이 정치공동체의 구성원으로서 갖는 자율성을 이스라엘이 박탈해왔다.

이스라엘과 팔레스타인 간의 이러한 갈등은 알카에다에 대한 '테러와의 전쟁'과 어떻게 연결되는가? 지젝은 2002년 봄에 이루어진 불가사의한 초점의 이동을 지목한다. 갑자기 아프가니스탄이, 심지어 세계무역센터 공격에 대한 기억까지도 뒤로 물러나고 초점은 이스라엘과 팔레스타인의 분규 쪽으로 옮겨갔다. 두 가지 '본질주의적 환원'이 가해졌다. 미국과 이스라엘 매파(강경파)에게 '테러와의 전쟁'은 기본적 전거가 된바, 팔레스타인 해방기구PLO에 대한 이스라엘의 전투는 이러한 투쟁의 부속 장이었다. 더불어 아라파트는 빈 라덴이 되었고. 한편으로, 아랍인들에게는 이스라엘-팔레스타인 갈등이 기본적 전거가 된바, 9.11 사건은 궁극적으로 이스라엘과 미국이 팔레스타인에 저지른 불의와 만행에 뿌리를 둔 것이었다.

　　이러한 이중의 '본질주의적 환원'은 구문적으론 "잘 알고 있지만 그래도 역시"의 형식을 취한다. 자살 폭탄 테러에 대해 자유주의적 이스라엘인들은 "나는 샤론을 지지하지 않지만 그래도 역시"란 태도를 취한다. '그래도 역시' 이런 상황에서라면 이스라엘은 자구책이 필요하며 스스로를 방어할 권리가 있다는 식이다. 팔레스타인을 지지하는 서구 지식인들은 어떤가. 그들은 "이스라엘 민간인들을 무차별 살해하는 일을 옹호하지는 않지만, 그래도 역시"란 태도를 취한다. 즉 자살 폭탄 테러는 '그래도 역시' 이스라엘의 군사력에 항거하는 무력한 사람들의 절박한 행동이라고 본다.(『실재의 사막』, 179쪽) 물론 서로가 이런 식이라면 출구는 없다. 이런 악순환을 깨뜨릴 방도는 무엇인가?

> 악순환을 깨뜨릴 수 있는 유일한 방법은 갈등의 좌표 자체를 변화시키는 행위를 통하는 것뿐이다. 그러니까 아리엘 샤론의 문제는 그가 과도하게 반응하고 있다는 게 아니라 그가 충분히 행동하지 않는다는 것, 진짜 문제에 초점을 맞추지 않는다는 것이다. 샤론은 냉혹한 군사집행자와는 거리가 멀며, 오히려 방향을 잃고 갈팡질팡하는 혼란스런 정책을 따르는 지도자의 전형이다. 이스라엘의 과도한 군사활동은 결국 무능함의 표현이며, 과도해 보이는 외양과 달리 뚜렷한 목표가 없는 무력한 '행위로의 이행passage à l'acte'이다.(『실재의 사막』, 180쪽)

즉, 이스라엘의 무력 개입은 얼핏 과도해 보이는 외양과 달리 자신의 무능함을 감추는 '행위로의 이행', 곧 발작적 행동에 불과하다. 따라서 이에 대

이스라엘의 가자지구 공격에 반대하는 거리 시위 모습.

한 해결책은 먼저 현 상황의 궁지를 이해하는 것이다. 곧 어느 쪽도 완전한 승리를 거둘 수 없다는 인식이 필요하다. 이스라엘은 모든 아랍 지역을 점령할 수 없으며, 반면에 아랍인들은 이스라엘을 군사적으로 파괴할 수 없다. 그런 교착 상태에 대한 인식이 낳을 수 있는 해법은 무엇일까? 지젝은 '코소보화化'를 제안한다. "코소보화化, 즉 점령된 서안과 가자 지구에 국제군(그리고 나토군)을 일시적으로 직접 주둔시키는 것이다. 이는 팔레스타인의 '테러'와 이스라엘의 '국가적 테러'를 동시에 방지할 것이며, 따라서 팔레스타인의 국가로서의 지위와 이스라엘의 평화 두 가지 모두를 보장해줄 것이다."(『실재의 사막』, 181쪽)는 생각이다. 다시 물어보자. 이스라엘-팔레스타인 갈등의 핵심은 무엇인가?

> 이스라엘-팔레스타인 갈등은 가장 근본적인 의미에서 '진정한' 적대가 이데올로기적으로 전치된 가짜 갈등이며 미끼이다. 그래, 아랍의 '근본주의자들'이 '이슬람-파시스트'라고 치자. 전형적인 파시스트의 제스처를 반복하면서 그들이 원하는 것은 '자본주의 없는 자본주의'(사회적 해체라는 자본주의의 과잉이 없고, '견고한 모든 것이 녹아 사라지는' 자본주의의 역동이 없는 자본주의)이다. 이스라엘인들이 서양의 자유주의적 관용의 원칙을 대표한다고 치자. 그러면서도 그들은 자신들의 특이성 속에서 이 원칙에 대한 예외를 구현해 보이고 있다. (다시 말해 민족적·종교적 정체성을 근거로 하는 국가를 주장하고 있다. 그것도 무신론자 비율이 세계에서 가장 높은 나라에서.) 하지만 이스라엘이 나타내는 서양의 자유주의적 관용은 자본의 신식민주의적 테러가 갖는 외양이다. 그리고 '부자유'(반동적 '근본주의')에 대한 요청은 이러한 테러에 대한 저항의 외양이다.(『실재의 사막』, 183쪽)

이스라엘-팔레스타인의 갈등이란 것은 진정한 적대를 드러내는 갈등이 아니라 그것이 이데올로기적으로 전치된 가짜 갈등이다. 아랍의 근본주의자들이 이슬람-파시스트라고 치자. 그리고 이스라엘인들은 자유주의적 관용의 원칙을 대표한다고 치자. 하지만 그러한 자유주의적 관용은 자본의 신식민주의적 테러가 갖는 외양에 불과하다. 더불어 반동적 '근본주의'는 이러한 테러에 대한 저항의 외양이다. 즉 이스라엘-팔레스타인 갈등의 진정한 적대는 자본주의적 적대 관계라고 말할 수 있다.

진정한 해결책

팔레스타인 문제와 관련하여 이스라엘의 행동에 대한 비판은 곧잘 반유대주의와 동일시되곤 한다. 그러고는 "당신은 홀로코스트를 잊은 것 아니냐?"라는 반문과 함께 "유대인들이 당한 고통에 비하면 이스라엘의 군사행동은 충분히 이해할 만하다"라는 식의 주장이 뒤따른다. 일종의 상투적 정당화다. 이스라엘의 군사작전과 정치활동에 대한 비판을 무력화하기 위해 홀로코스트의 수사학이 동원될 때 어떻게 대처해야 하는가. 지젝은 이렇게 권고한다.

이스라엘 방위군이 서안 지구에서 벌이는 활동에 대한 공개적 항의가 반유대주의의 표현이라며 딱 잘라 비난받고 홀로코스트에 대한 옹호와 암묵적으로 같은 범주에 놓일 때에는—다시 말해, 이스라엘의 군사작전과 정치활동에 대한 비판을 무력화하기 위해 홀로코스트의 그림자가 끝없이 동원될 때—반유대주의와 이스라엘이라는 국가가 취한 특정 조치에 대한 비판은 구별해야 한다고 주장하는 것만으로는 충분치 않다. 여기서 한 걸음 더 나가, 이 경우 홀로코스트 희생자들에 대한 기억을 모독하는 것은 오히려 이스라엘 자신이라고 주장해야 한다. 이스라엘은 홀로코스트 희생자들을 무자비하게 조작하고, 그들을 도구화해 현재의 정치적 조치를 정당화하는 수단으로 삼고 있다. 이는 홀로코스트와 현재의 이스라엘-팔레스타인 갈등 사이에 어떤 논리적 혹은 정치적 연관이 있다는 생각 자체를 아예 버

려야 한다는 것을 말해준다.(『실재의 사막』, 183~184쪽)

즉, 이스라엘의 조치에 대한 비판과 반유대주의는 구별해야 한다는 식의 주장에서 한 걸음 더 나가서 홀로코스트의 희생자들을 모독하는 것은 오히려 이스라엘 자신이라고 주장해야 한다는 얘기다. "그들을 무자비하게 조작하고 최근의 정치적인 조치를 합법화하는 수단으로 그들을 도구화하는 것이다"라고 할 때 '그들'이 가리키는 건 홀로코스트의 희생자들이다. 이 희생자들을 자신의 정치적 조치를 정당화하는 수단으로 무자비하게 갖다 쓰고 있는 것이 바로 이스라엘의 행태다.

　　이러한 인식은 우리가 현재의 이스라엘-팔레스타인 사이의 분쟁을 홀로코스트와는 전혀 무관한 사태로 바라봐야 한다는 것을 말해준다. "이 둘은 서로 완전히 다른 두 가지 현상이다." 어떻게 다른가? "홀로코스트는 근대화의 역동에 대한 우파의 저항이 빚어낸 유럽 역사의 일부이며, 이스라엘-팔레스타인 분쟁은 식민주의 역사의 귀결점 중 하나다."(『실재의 사막』, 184쪽) 곧 홀로코스트가 근대화(현대화)에 대한 우파의 저항(파시즘)이 빚어낸 유럽 역사의 일부라면, 이스라엘-팔레스타인 분쟁은 식민주의 역사의 한 귀결이다. 여기서 팔레스타인 사람들이 받아들여야 할 '어려운 과제'란 그들의 진정한 적은 유대인이 아니라 아랍체제라는 인식이란 것이 지젝의 지적이다. 아랍권이 자체의 정치적 급진화, 혹은 급격한 변동을 방비하기 위해 팔레스타인의 곤경을 조작하고 있다는 점에서 그렇다.

　　그런 맥락에서 지젝은 『뉴스위크』의 〈다보스 특별판〉(2001년 12월/2002년 2월)에 실린 두 편의 논설을 검토한다. 하나는 새뮤얼 헌팅턴의 「무슬림 전쟁의 시대The Age of Muslim Wars」이고, 다른 하나는 프랜시스 후쿠야마의 「실제의 적The Real Enemy」이다. 후쿠야마는 현실 사회주의 몰락 이후에 '역사는 끝났다'는 '역사 종언론'을 펼쳐 화제를 모은 바 있으며, 헌팅턴은 냉전 이후 세계는 이제 이데올로기의 충돌이 아닌 '문명의 충돌' 시대로 접어들었다고 주장해 인구에 회자되었다. 두 사람의 견해는 어떻게 조우하는가. 실제로 두 사람 모두 근본주의 이슬람이 오늘날의 주된 위협이라는 데에 인식을 같이한다. 한 사람은 '종말'을 주장하고 한 사람은 '충돌'을 경고하므로 얼핏 대립적으로 보이지만 실상은 그렇지 않다. 그들을 같이 읽으면서 우리는 '문명의 충돌=역사의 종말'이라는 진실과 마주하게 된다. 어째서인가?

> '유사 자연화'된 민족-종교적 갈등들은 전 지구적 자본주의체제에 잘 부합하는 투쟁의 형식이다. 본래적 정치가 점차 전문가들의 사회 관리로 대체되어가는 우리의 '탈정치' 시대에는, 갈등을 유발하는 합법적 원천이라고는 문화적(민족적, 종교적) 차이로 인한 긴장밖에 남지 않기 때문이다. 따라서 오늘날 '비이성적' 폭력이 증가하는 것은 우리 사회의 탈정치화, 즉 본래의 정치적 차원이 실종되고 정치가 사회적 문제들에 대한 여러 층위의 '행정적 관리'로 변화한 것과 밀접한 연관이 있다고 간주해야 한다.(『실재의 사막』, 185쪽)

'유사 자연화'란, 인종-종교적 갈등은 자연현상이 아님에도 마치 자연현상처럼 자연스러운 것으로 간주되게 됐다는 것이다. 그리고 이 갈등은 전 지구적 자본주의 체제에 잘 부합하는 투쟁 형식이다. 왜냐하면 정치 이후의 시대, 탈정치 시대에는 본래적 정치가 점차 전문가들의 사회 관리, 곧 행정으로 대체되기 때문이고, 이 경우 갈등을 유발하는 원천은 문화적 차이로 인한 긴장밖에는 없기 때문이다. 때문에 오늘날 '비이성적' 폭력의 증가는 사회의 탈정치화와 밀접하게 연관이 있는 것으로 간주되어야 한다. 즉 그것은 본래의 정치적 차원이 실종됨으로써 발생하는 일이며, 사회적 문제가 여러 층위의 '행정적' 처분의 대상으로, 곧 행정적으로 처리해야 하는 문제로 간주됨으로써 빚어지는 일이다.

후쿠야마는 '이슬람-파시즘'이란 용어를 사용하는데, 지젝은 이를 그대로 받아들일 수 있다고 말한다. 단, 엄밀한 의미에서의 '파시즘', 곧 자본주의 없는 자본주의에 대한 불가능한 시도를 가리키는 말로서 말이다. 과도한 개인주의가 없고, 사회적 해체도 없으며, 가치의 상대화도 없는 자본주의가 파시즘이 원하는 '자본주의 없는 자본주의'였다. '이슬람-파시즘'은 불가피한 선택지인가?

> 이는 무슬림의 선택지가 이슬람-파시즘적 근본주의와 '이슬람 프로테스탄티즘'이라는 고통스런 과정을 거쳐 이슬람과 근대화의 양립이 가능하게 하는 것 사이의 양자택일만은 아니라는 뜻이다. 이미 시도된 바 있는 세 번째 선택지가 있다. 바로 이슬람 사회주의다. 순전한 정치적 올바름의 태도는 징후적인 집요함을 보이며 테러 공격은 위대하고 숭고한 종교인 이슬람과는 아무런 관련이 없음을 강조하는 것이다.(『실재의 사막』, 186쪽)

오늘날 무슬림에겐 '이슬람-파시즘적 근본주의'와 '이슬람 프로테스탄티즘' 간의 양자택일적 선택만이 남은 것일까? 그건 아니라는 얘기다. 지젝은 '이슬람 사회주의'라는 또 하나의 선택지가 시도된 바 있으며 이것이 오늘날 새로운 선택지로 가능하다고 주장한다. 근대화에 반대한다고 해서 반드시 '이슬람-파시즘'으로 귀결될 필연성은 없다는 것이다. 그것은 사회주의 프로젝트로 표명될 수 있다. 이슬람-파시즘이 현재의 곤경에 대한 '최악의' 가능한 대답이라면, 이슬람 사회주의는 반대로 '최선의' 대답이 될 수 있다.

결국 '유대인 문제'는 '아랍인 문제'이기도 하다. 이미 지적된 것이지만, 아랍-유대인 긴장은 전치되고 신비화된 '계급투쟁'이다. 그것은 유대적 '코즈모폴리터니즘'과 근대성에 대한 무슬림의 거부 사이의 갈등이라는 탈정치적 형식으로 전치되었을 따름이다. 따라서 지구화된 세계에서 반유대주의의 회귀가 시사해주는 바는 마르크스주의의 오래된 통찰이라고 지젝은 말한다. 이 문제에 대한 유일하게 진정한 해결책은 바로 사회주의Social-ism라는 통찰이다.

에필로그 사랑의 낌새

『실재의 사막』의 결론은 '사랑의 낌새the smell of love'이다. 먼저 지젝이 염려하는 것은 9.11 테러 이후인 2002년 봄 미국에서 사람들이 미국과 이스라엘 국기를 같이 차고 다닌 모습이다. '우리는 하나다'라는 연대감을 과시한 것인데, 이것이 '폭력적인 반유대주의'의 폭발로 이어질 수 있다는 것. 정말로 유대인들을 걱정한다면 미국과 이스라엘 사이의 이러한 '자연스런' 연결을 끊어주는 것이 오히려 더 바람직할 것이다.

실상 반유대주의의 득세는 2002년 프랑스 대선에서도 확인할 수 있었다. 공공연하게 반유대주의를 공언해온 극우파의 장-마리 르펜이 1차 투표에서 사회당의 리오넬 조스팽을 누르고 자크 시라크와의 결선 투표에 나가 충격을 안겨주었던 선거다. (참고로 르펜은 2007년 대선에도 나섰지만 1차 투표에서 탈락했다. 대신에 프랑스 국민들은 사르코지를 당선시켰다.) 그럼으로써 "정치적 구분선은 더 이상 좌파와 우파 사이가 아니라 전 세계적인 '온건한' 탈정치의 장과 극우적 재정치화 사이에 그어지게 되었다."(『실재의 사막』, 190쪽) 다시 말해서, 정치적 구분선이 좌파와 우파 사이에 그어진 것이 아니라 '온건한 탈정치' 대 '극우적 재정치화' 사이에 그어졌다는 점에 주목할 필요가 있다.

'탈정치'에 대해서는 여러 차례 언급을 해왔는데, 이데올로기의 종언 이후 더 이상 좌우파의 투쟁이란 건 의미가 없으며 실제적인 행정에 의해 정치가 대체되어야 한다고 보는 입장을 가리킨다. '탈정치'란 말 자체가 '정치 이후', 곧 '정치의 종언'을 뜻한다. 반면 '재정치화repoliticization'는 정치의 부활이자 복권이다. 정치는 살아 있으며 여전히 필요하다는 주장이다. 그렇게 정치가 귀환하는 방식이 보통 극우적 포퓰리즘의 형태를 띤다는 것이 지젝의 지적이다. 하지만 그렇다고 해서 그 의미가 기각되어서는 안 된

다는 것이 또한 지젝의 입장인데, 오히려 탈정치적 입장이 이데올로기의
종언론처럼 순진하며 유해하다는 쪽이다.

> 다시 말해, 르펜이 리오넬 조스팽을 누르면서 정치적 구분선은 더 이
> 상 좌파와 우파 사이가 아니라 전 세계적인 '온건한' 탈정치의 장과
> 극우적 재정치화 사이에 그어지게 되었다. 이 충격적인 결과는 우리
> 가 탈정치의 피로스적 승리(막대한 손해를 입어 패배나 다름없는 승
> 리—옮긴이)를 위해 치러야 할 대가를 암시하는 불길한 징조 아닐
> 까? 다시 말해 우리는 르펜이 프랑스에서 유일하게 진지한 정치세력
> 을 대표한다는 점을 언제나 기억해야 한다. 이는 패권을 장악한 탈정
> 치의 숨 막히는 무기력과는 명확한 대조를 이루며 급진적인 정치화
> 의 자세, (도착적이지만 그래도 '살아 있는') 정치적 열정 본연의 자세
> 를 견지한다. 사도 바울의 용어로 설명하자면, 여기서 비극은 르펜이
> 혐오감을 불러일으키는 도발 그 자체를 통해 말인末人의 삶의 방식과
> 같은 탈정치적 '죽음'과 대비되는 '삶'을 대표한다는 것이다.(『실재의
> 사막』, 190쪽)

'진지한 정치세력'은 '정치는 끝났어'라고 생각하는 대신 정치를 중요하고
진지하게 생각하는 정치세력이다. 그들은 주류를 이루는 탈정치적 입장의
무기력과는 대조적으로 '급진적인 정치화'의 자세를 견지한다. '급진적인
정치화radical politicization'에서 방점은 '급진적인'보다는 '정치화'에 있다. 정치
를 '있으면 좋고 없어도 그만'쯤으로 보는 것이 아니라 필수적인 것, 필수
불가결한 것으로 보는 입장이다. 프랑스의 극우파는 이러한 자세 혹은 입
장을 분명 도착적으로, 즉 뒤집혀진 형태로 구현하고 있지만, 중요한 것은
그들이 정치를 여전히 '살아 있는' 것으로 만든다는 점이다. 바로 그 때문
에 르펜과 그의 지지 세력들은 혐오감을 불러일으키면서도 동시에 니체가
말하는 '말인'들과 대비된다('말인'에 대해서는 9장 참조). '말인'이 '탈정치
적 죽음'을 대표한다면 르펜은 사도 바울이 말하는 '삶'을 대표한다. 극우

민족주의적 입장에 의해 '삶'이 대표된다는 의미에서 이러한 현상은 비극적이다.

2002년 6월에 유럽연합ᴱᵁ에 대한 일종의 반향처럼 이스라엘은 서안(웨스트뱅크)의 아랍 정착촌에 대해 또다시 보호 벽을 세우기 시작했다. 테러리스트들이 눈에 보이지 않는 박테리아의 감염으로 비유될 때, 유럽 문화사에서 그러한 박테리아의 전형적 형상이 유대인이었다는 것은 아이러니컬하다. 건전한 사회체를 공격하는 '박테리아'가 바로 유대인에 대한 상투적 비유였다. 그렇다면 보이지 않는 근본주의적 테러리스트들은 오늘날 '떠도는 유대인'의 마지막 화신일까? 지젝이 던지는 불길한 질문이다. 오늘날 '테러와의 전쟁'은 "시오니스트인 유대인 그 자신들이 반유대주의의 대열에 합류하게 된 역설적인 지점을 가리키는 것일까?"(『실재의 사막』, 209쪽) 그것이 유대 '국가' 설립의 궁극적인 대가일까?

> 이런 불길한 전략의 기저에 깔려 있는 것은 민주주의(지배적인 자유민주주의적 의회주의 체계)가 바울적인 의미에서 더 이상 '살아 있지' 못하다는 사실이다. 비극적인 것은 오늘날 '살아 있는' 유일하게 진지한 정치세력이 새로운 포퓰리즘 우파라는 점이다. 권력의 자리를 빈자리로 남겨두고, 이 자리와 우리가 그것을 차지하는 일 사이에는 간극(바로 거세의 간극이다)이 있음을 받아들이는 민주주의의 게임을 계속하는 한, 우리—민주주의자들—는 모두 '피델 카스트로스ᶠⁱᵈᵉˡ castros', 즉 거세ᶜᵃˢᵗʳᵃᵗⁱᵒⁿ에 충실한 것 아닌가?(『실재의 사막』, 209쪽)

여기서 말하는 민주주의는 지배적 민주주의, 곧 자유민주주의적 의회주의 체계를 말한다. 민주주의란 권력의 공간을 공백으로 남겨놓는 제도다. 곧 왕이 있던 자리를 비워놓고 몇 년에 한 번씩 권력의 임시 대리인으로 그 자리를 채워넣는다. 그런 게임을 유지하는 한, 지젝은 우리가 '거세'에 충실한 것 아니냐고 반문한다(이 거세와 '피델 카스트로' 사이의 언어유희적 관계에 대해선 2장 참조). 이것이 말하자면 민주주의의 곤경이고, 포퓰리즘 우파는 이러한 곤경의 표지다. 그것은 무엇을 거부하는가.

> 무기력한 경제적 관리를 제외하면, 자유민주주의적 중도파의 주된 기능은 정치에서 아무 일도 진정으로 일어나지 않도록 하는 것이다. 자유민주주의는 무사건의 당이다. 우파와 자유민주주의 중도파의 분열은 점점 더 '르펜, 하이더, 베를루스코니…… 만세!' 대 '르펜, 하이더, 베를루스코니에게…… 죽음을!'의 구도를 띠게 되며, 양극은 삶/죽음의 대립에 해당한다.(『실재의 사막』, 209~210쪽)

오늘날 자유민주주의의 중심적 이념은 '무사안일주의'다. 아무 일도 일어나지 않도록 하는 것이 핵심 방책이다. 그것이 '탈정치'이기도 하다. '정치적 해결' 거리는 남겨놓지 않고 오직 행정 절차의 문제로 모든 문제를 축소하고 환원하는 것이다. 정치란, 거듭 말하지만, 그러한 축소/환원에 대한 반대이고 거부다. 하지만 그러한 제스처가 우파 포퓰리즘으로 나타나는 것이 민주주의의 곤경이다. 그리고 이 곤경의 탈출구로 요청되는 것이 '급진적 정치행위radical political Act'다. 이것은 아무런 보증도 갖지 않는 결단을 함축하기에 일종의 '광기'다.

> 진정한 행위가 어째서 민주주의(자유선거를 통해 권력을 정당화하는 실제체계로서의 민주주의)의 한계 내에 포함될 수 없는지를 알 수 있는 것이 바로 이 지점이다. 행위는 긴급상황에서 일어나며, 이런 상황에서는 행위 그 자체가 반동적으로 '민주적' 정당화의 조건들을 만들어줄 거라는 일종의 파스칼식 내기에 스스로를 내맡기고, 위험을 무릅쓰고 어떠한 정당화도 거치지 않은 채 행동해야 한다.(『실재의 사막』, 211~212쪽)

그러한 내기의 사례로 지젝이 드는 것은 1940년 프랑스가 독일에 패배한 이후 드골이 라디오 연설을 통해 발표한 대독일 항전 선언이다. "전쟁은 계속된다"라는 드골의 주장은 당시 다수 국민의 지지를 얻지 못했고, 따라서 '민주적 정당화'가 결여됐다. 하지만 그럼에도 진리는 드골의 편이었다. 이 경우 민주주의는 그러한 정치행위에 보증을 제공해줄 수 없었다. 지젝이 보기에 9.11 이후 '테러와의 전쟁'의 목표는 그러한 정치행위의 조건들을 무력화하는 것이다. 그것은 마치 전형적인 반유대주의의 제스처처럼 초점을 긴장(갈등)의 진정한 근원에서 다른 곳으로 이동시킨다. 1940년에 페탱이 프랑스의 패배 원인에 대해 자유주의 유대인의 영향 때문에 프랑스가 오랫동안 퇴화한 결과라고 설명한 것과 마찬가지다. 그리하여 우리가 자각해야 하는 것은 '테러와의 전쟁'의 진짜 목표가 진정한 정치적 '행위'의 위협에 대항하여 우리 자신(일차적으론 미국인)을 이데올로기적으로 동원하는 것이라는 사실이다. 이러한 교훈은 지젝의 『이라크』에서 한 번 더 확인할 수 있다.

지젝과의 '피상적인 만남'을 제안하고 숨가쁘게 내달려온 우리의 여정은 일단 여기서 마무리된다. '시작이 반'이라는 금언에 따라, 이제 '지젝 읽기'의 중간쯤, 혹은 한복판에 와 있는 것이라 생각하셔도 좋겠다. 흥미 inter-est란 말의 어원적 의미대로 우리가 '흥미'를 느끼는 것은 문턱에서가 아니라 중간쯤에서다. 거꾸로 우리가 흥미를 느낀다면 그것은 이미 우리가 중간쯤에 와 있다는 뜻이다. 지젝과의 더 깊은, 혹은 더 질긴 만남이 계속 이어지기를 기대한다. 적당한 장소에서, 적당한 타이밍에 '로쟈의 지젝 읽기'는 '컴백'할 수 있을 것이다. 아니 그렇게 되기를 희망하며 그렇게 될 것이다. "지금까지 실재의 사막이었습니다. 가시고자 하는 최종 목적지까지 안녕히 가십시오!"